Nina Dittmann

Dem Herzen gefolgt

Unser Traum vom Leben auf dem eigenen Hof

AF282563

Nina Dittmann

Dem Herzen gefolgt

Unser Traum vom Leben auf dem eigenen Hof

Bibliografische Information der Deutschen Nationalbibliothek:
Die Deutsche Nationalbibliothek verzeichnet diese Publikation
in der Deutschen Nationalbibliografie;
detaillierte bibliografische Daten sind im Internet
über http://dnb.dnb.de abrufbar.

© 2024 Nina Dittmann
Mitwirkender: Detlef Dittmann

Herstellung und Verlag: BoD – Books on Demand, Norderstedt

ISBN: 978-3-7583-6516-4

Inhalt

Unser Traum vom Leben auf dem Lande 3

Eine Herzensentscheidung 6

Raum für die Natur 14

Von wegen dummes Huhn! 25

Lamalpakas und andere Hoftiere 32

Selbstversorgung ohne Stress 46

Permakultur und Ressourcenschonung 49

Endlich starten im Garten 55

Der Hof erwacht zu neuem Leben 67

Junges Gemüse und Frühlingsgefühle 72

Gärtnerglück 75

Geschenke des Sommers 84

Vorausschauend gärtnern 90

Herbstzauber 94

Winter kehrt ein 99

Nachhaltige und genussvolle Weihnachten 102

Winterruhe 108

Es geht wieder los! 113

Niemand hätte je gedacht… 116

Unser Traum vom Leben auf dem Lande

Ein naturnahes, ausgewogenes Leben mit gesunder Ernährung und glücklichen Tieren – davon hatten wir schon sehr, sehr lange geträumt. 2019 haben wir uns diesen Traum erfüllt und einen alten Bauernhof im Nordpfälzer Land in der Nähe der Nahe in Rheinland-Pfalz gekauft. Der Zeitpunkt war ideal: Die Kinder gingen bereits ihre eigenen Wege und mein Mann und ich waren nicht mehr ortsgebunden. Das Arbeitsleben lag hinter uns, ein neuer Lebensabschnitt konnte beginnen. Wir wollten mehr als uns ausruhen, wir wollten nochmal etwas aufbauen. Mit dem Hof wollten wir unsere schon seit Jahren immer weiter ausgedehnte Selbstversorgung auf breitere Füße stellen. Bis dato wohnten wir in einem Reihenhaus im dichtbesiedelten Rhein-Main-Gebiet mit nicht einmal 100 qm Gartenfläche, dennoch hatten wir es über Jahre geschafft, auf nach und nach angepachteten Grundstücken in der Nähe eine „dezentrale Minifarm" aufzubauen. Wir hatten eine kleine Streuobstwiese, bauten etwas Gemüse in einem Pachtgarten an und hielten auf ehemals verwilderten Weideflächen in ganzjähriger Freilandhaltung Geflügel, Schafe und zeitweise sogar Schweine. Damals war unser Hobby bereits mit sehr viel Idealismus verbunden. Zu Fuß, mit dem Fahrrad oder wenn es sein musste mit dem Auto liefen oder fuhren wir täglich die verschiedenen Stücke ab, um unsere Pflanzen und Tiere zu versorgen. Außer unserer Garage und dem üblichen Gartenhüttchen hatten wir keine Unterstellmöglichkeit oder Lager für Futter, Einstreu oder Gerätschaften. Wasser fuhren wir mit Kanistern und Fässern zu unseren Tieren und gerade im Winter war die tägliche Runde oft eine Herausforderung im Kampf gegen Matsch und Eis.

Trotzdem war es eine schöne Zeit, denn unser unkonventioneller Weg zu einer stadtnahen Selbstversorgung war ein gelungener Ausgleich zu den oft anstrengenden beruflichen Herausforderungen. Wir denken gern an die vielen Abende zurück, an denen wir körperlich müde, aber hochzufrieden auf einem alten Baumstamm oder einer Bank an einem der Weidezäune saßen und auf artgerecht gehaltene Tiere blickten, die bei untergehender Sonne ihrer jeweiligen Lieblingsbeschäftigung nachgingen und uns ihre Ausgeglichenheit nur allzu deutlich demonstrierten. Manchmal zum Beispiel lagen die Schweine ausgestreckt und aufgereiht in ihrem Koben und beobachteten das emsige Gründeln der benachbarten Enten und Gänse. „Schweinetheater" haben wir die malerische Szenerie gern genannt, denn tatsächlich sah es so aus, als ob die Schweine sich von unserem Geflügel unterhalten lassen wollten.

Und wir genossen jedes Stück eigener Produktion: Gemüse von ökologisch bewirtschafteten Beeten, Beeren von selbst gesetzten Sträuchern, Eier zunächst von Wachteln, später dann auch von Hühnern und Enten, Obst von wieder in Form gebrachten alten Hochstammbäumen und Fleisch von artgerecht gehaltenen Tieren. Über die Jahre entwickelten wir viele Lager- und Konservierungsmöglichkeiten für unsere Ernte und Einkäufe im (Super-)Markt wurden spürbar immer weniger.

Dennoch war es so, dass wir immer davon träumten, eines Tages alles „unter einem Dach" ohne weite Wege zu haben und begannen mit der Suche. Wir wünschten uns keinen Aussiedlerhof mit riesigen Ländereien, sondern eher ein Ensemble von geeignetem Wohnhaus mit einigen kleinen Ställen und dem ungewohnten Luxus von Platz um das Haus herum. Schneller als wir geglaubt hatten, fanden wir einen alten Hof, landschaftlich sehr schön in einer kleinen Ortschaft gelegen und in einer noch akzeptablen Entfernung zu Familie und Freunden. Ein echter Glücksfall für uns, auch wenn es enorm viel zu tun gab.

Der Hof stand knapp zwei Jahren leer, Scheunen und Stallungen waren seit mehr als 10 Jahren unbewirtschaftet. Ein Jahr lang krempelten wir die Ärmel ordentlich hoch. Wir rissen ab, räumten, schleppten, fuhren ladungsweise Altholz, Bauschutt und Müll weg, strichen die Wände, verlegten Böden und brachten das Außengelände wieder in Schuss. Für den Kraftakt wurden wir reichlich belohnt: Der Hof wurde von Monat zu Monat schöner und wohnlicher. Zuerst konnten unsere Tiere in geräumte und saubere Ställe umziehen, einige Monate später waren dann auch die Wohnräume zumindest teilweise bezugsfertig.

Das Grundstück war aufgrund des langen Leerstands verwildert. Meterlange Brombeerranken, efeuüberwucherte Beete und Totholz ließen nur noch erahnen, dass sich hinter dem Haus mal ein ansehnlicher Garten mit riesiger Nutzfläche befunden hatte. Die Rodung der Brombeeren war eine der ersten Aktionen, die wir angingen, noch bevor wir auch nur einen Handschlag im Haus taten.

Die Möglichkeit, eine Fläche mehr oder weniger neu gestalten zu dürfen, sahen wir als Geschenk an. Von Anfang an schwebte uns ein Garten nicht nur für uns, sondern auch für möglichst viele heimische Lebewesen vor. Wir wollten Räume für die Tiere neu schaffen oder bewahren, die über die Jahre des unkontrollierten Wachstums bereits ein Zuhause auf dem Grundstück gefunden hatten: Wildbienen, Schmetterlinge und unzählige andere Insekten, Eidechsen und sogar Ringelnattern. Ein Biotop vor der Haustür.

Schritt für Schritt fanden wir nach den nötigsten Sanierungsarbeiten die Zeit, unsere Selbstversorgung wieder aufzubauen. Wir pflanzten an, begannen mit Brotbacken, mit Käseherstellung und der Verarbeitung saisonaler und am liebsten natürlich eigener (Anbau-)Produkte. Vieles lief wieder an wie vorher, einiges lernten wir durch die besseren Möglichkeiten in Bezug auf Platz, Wasser und Strom dazu.
Wildlebende und domestizierte Tiere fanden ein Zuhause bei uns, wir richteten ein kleines Verkaufsstübchen für Eier und Überschüssiges von unseren Beeten ein, bauten zwei kleine Museen über die Geschichte der örtlichen Eisenbahn und über das frühere Bauernleben auf und öffneten unseren Hof von Zeit zu Zeit für kleine Veranstaltungen.
Eine spannende Zeit – bis wir durch die globale Entwicklung der letzten Jahre immer wieder an Grenzen stießen, die unseren Traum massiv bedrohten.

Die Jahre als Selbstversorger, Museumskuratoren, Tierhalter und Gastgeber auf dem eigenen Hof waren so abwechslungsreich und spannend, dass ich mich entschieden habe, unsere Geschichte aufzuschreiben.

Eine Herzensentscheidung

Natürlich hatten wir beim Kauf des Hofes zunächst Angst vor unserer eigenen Courage. Alles andere wäre blauäugig gewesen.

Er stammte aus dem Jahr 1860, verfügte über ein großes Wohnhaus, Nebengebäude und mehr als 3300 Quadratmeter Grundstück. Mehr als einmal hielt jemand aus dem Dorf an. „Da haben Sie sich ja ganz schön was vorgenommen", lautete regelmäßig die Eingangsfrage. „Mit wie vielen Leuten wollen Sie denn hier einziehen? Das ist ja ein Haufen Arbeit, der da auf Sie wartet!"

Unsere zögerliche Antwort, dass wir es zu zweit vorhatten, wurde regemäßig mit einer Mischung aus perplexem Erstaunen und einer ordentlichen Portion Skepsis quittiert, die uns anfangs sehr verunsicherte. Hatten wir uns wirklich zu viel vorgenommen? War das Anwesen ein Fass ohne Boden und wir verträumte Idealisten aus der Stadt? Tatsächlich war die Übernahme eine Herkulesaufgabe, schon aufgrund des langen Leerstands. Im Wohnhaus war die Haustechnik veraltet, teilweise fanden wir noch stoffummantelte Elektrokabel in den Wänden vor und natürlich die obligatorischen Porzellan-Sicherungen einer heutzutage nicht mehr zulässigen Elektroversorgung.

Klar war aber, dass keine Kernsanierung erforderlich sein würde. Dach, Fenster, Wasserleitungen und Heizung waren zwar ebenfalls veraltet, ihr Zustand war jedoch nicht so schlecht, als dass der sofortige Austausch nötig sein würde.

Das Urteil eines örtlichen Gutachters war eine elementare Entscheidungshilfe für den Kauf, denn unsere Herzen hatten sich schon für das Projekt entschieden. Bei mehreren Begehungen sahen wir nicht die verwitterten, holzwurmbefallenen Balken und Fensterrahmen, die teils feuchten Wände mit abgeplatztem Putz oder den verwilderten Garten, sondern fertige Räume und ihre Bestimmung. Hier würde ein kleines Lädchen eingerichtet werden, dort eine Sitzecke und an anderer Stelle Lagerkapazitäten. Die unüberschaubare Arbeit schreckte uns nicht ab, eher wollten wir auf der Stelle mit ersten Aufräumarbeiten anfangen.

Schon bei der ersten Besichtigung hatte ich eine Vision, der Hof sprach mich im Inneren an. Als mein Mann hinterher vorsichtig feststellte, dass das Anwesen ja doch ziemlich groß sei, guckte ich ihn erstaunt an und erwiderte fest überzeugt: „Nö, finde ich nicht. Wieso?". Ich hatte nicht die Spur eines Zweifels, dass wir das Projekt nicht stemmen könnten, zumal wir als „Macher" schon sehr lange ein gutes und eingespieltes Team waren.

Neben aller Begeisterung war trotzdem eine Portion Verunsicherung und Zweifel vorhanden. „Das ist eine Nummer zu groß für euch" und „so ein alter Hof ist ein Groschengrab" meldeten sich innere und tatsächliche Stimmen, die uns naturgemäß in der Kaufentscheidung zögern ließen. Sie zu überhören wäre naiv gewesen. Wir besprachen uns immer und immer wieder, rechneten die Finanzierung durch und kalkulierten die dringend notwendigsten Ausgaben. Als wir jedes Mal gemeinsam feststellten, dieses riesige Projekt stemmen zu können, folgten wir unseren Herzen und trauten uns den großen Schritt in ein neues, spannendes Leben.

Damals war die Welt noch eine andere: Covid-19 gab es noch nicht und Russlands Angriffskrieg auf die Ukraine mit seinen weltweiten Konsequenzen war für die meisten Menschen (und auch für uns) außerhalb jeglicher Vorstellungskraft. Die Zinsen für Kredite waren unter einem Prozent, Lieferengpässe und Handwerkermangel waren kein Thema und unsere Erfahrungen mit Veröffentlichungen und Präsentationen rund um seltene (Nutz-)Tiere und Selbstversorgung gaben uns das Vertrauen, den Weg weiter gehen zu können. Bis dato hatte ich zwei Bücher über artgerechte Tierhaltung geschrieben und betrieb einen für mich erfolgreichen Blog zu naturnaher Lebensführung. Sogar ins Fernsehen hatten es unsere Projekte zweimal geschafft. Über unsere stadtnahe Selbstversorgung schrieb ich Artikel für verschiedene Zeitschriften und in regelmäßigen Abständen empfingen wir Besuchergruppen für Rundgänge über unsere Grundstücke.
Genau das wollten wir in größerem Stil weiterleben und schlugen mit dem Kauf zu. Uns schwebte eine kleine Begegnungsstätte zwischen

Mensch und Tier vor. Ein einladender Ort mit seltenen Tieren und Pflanzen, in der sich Besucher umschauen, informieren und wohlfühlen konnten.

Anfangs war an eine Übernachtung im Haus nicht zu denken. Beinahe täglich fuhren wir die etwa 160 Kilometer, räumten auf und schafften zunächst Wagenladungen alter Baumaterialien, die beim besten Willen nicht mehr zu gebrauchen waren, zum Wertstoffhof. Schon seit Jahren fuhren wir einen kleinen Dacia-Pickup aus Rumänien, nicht vergleichbar mit den schweren Allradfahrzeugen, die so oft durch die (Stadt-)Straßen brausen. Ich liebte dieses Auto! Manche Frauen gönnen sich ein Zweisitzer-Cabrio, ich bin mehr der Zweisitzer-Pritschenwagen-Typ. Was dieses Auto schon alles transportiert hatte: Umzugsgüter, Wasserfässer, Heu- und Strohballen, Grünschnitt und sogar ganze Hütten hatten wir damit von A nach B geschafft. Beim Aufräumen des Hofes war es eines unserer wichtigsten Einsatzmittel.

Wir kratzten die Tapeten ab, rissen Wand- und Deckenverkleidungen herunter und entfernten alte Teppichböden. Heute frage ich mich, wo wir die viele körperliche Kraft dafür hergenommen haben. Sicher waren es Vorfreude und Dopamin, jenes Glücks- und Motivationshormon, das ungeahnte Energien freisetzt. Trotz müder Muskeln trieb es uns direkt wieder auf unsere Baustelle, denn wir sahen täglich Fortschritte, gerade wenn es mit Unterstützung von Freunden zügig voranging im Abriss und Rückbau. Gleichzeitig achteten wir darauf, authentische Bausubstanz zu erhalten. Der Hof sollte seinen alten Charme behalten. Wir wollten das Wohnhaus nur dort verändern, wo es eine moderne Wohnqualität erforderte. Die Fußböden arbeiteten wir auf, wo sie aufgearbeitet werden konnten, die schiefen Wände wurden nur verputzt mit allen ihren Beulen und Dellen.

Bei unseren Aufräumarbeiten stießen wir immer wieder auf Relikte, die heute nur noch im Museum zu finden sind. Alte Werkzeuge und Holzpflüge, Pferde- und Ochsengeschirre, Haushaltsartikel wie Wurstkessel, Spinnräder und altes Leinen und vieles andere, das wir erstmal in einer geschützten Ecke sammelten, da wir ihren Zweck (noch) nicht einordnen konnten. Eine spannende Phase, denn wir haben ein Faible für „alten Kram" und waren immer entzückt, wenn wir neue „Schätzchen" entdeckt haben. Mal war es ein Stahlhelm aus Weltkriegszeiten in einem engen Schacht, mal eine Bierflasche einer längst geschlossenen Brauerei auf einem Dachbalken oder altes Besteck im Kellergewölbe. Oft mussten wir im Netz recherchieren, um überhaupt eine Ahnung zu bekommen, was wir da vor uns hatten. Ich erinnere mich noch gut an einen Satz unterschiedlicher Metallhütchen in Kegelform, sorgsam eingeschlagen in altes Papier. Was war das bloß? Die Kegel sahen aus wie übergroße Mensch-ärger-Dich-nicht-Figuren. Mit einer Bildrecherche fanden wir heraus, dass es Schmuckhütchen für das Zaumzeug von Kaltblütern waren. Darauf wären wir beim besten Willen wirklich nie gekommen! Später haben wir viele dieser Fundstücke aufgearbeitet und auf dem alten Heuboden in einem kleinen Museum zusammengetragen. Kaum vorstellbar, wie hart das Leben auf dem Land ohne Maschineneinsatz und elektrische Geräte früher war!

Von Freunden bekamen wir eine ausgemusterte Schlafcouch, die wir im einzigen halbwegs sauberen Raum aufstellten. Nach etwa drei Monaten übernachteten wir das erste Mal in unserem neuen Zuhause unter Campingbedingungen. Ein wunderbares Gefühl, trotz einer noch nicht richtig funktionierenden Heizung und nur eingeschränkt nutzbaren sanitären Einrichtungen. Mit besagter Couch wanderten wir in den nächsten Wochen von Raum zu Raum. Immer wieder bauten wir sie auseinander und schleppten die Einzelteile sogar vom Obergeschoss zurück ins Untergeschoss als die Sanierungsarbeiten beim besten Willen keinen anderen Schlafplatz mehr boten als die alte Bauernküche mit ihrem quietschenden Kühlschrank. Das Corona-Virus hatte Europa inzwischen erreicht, so dass sich eine externe Übernachtung in der Nähe nicht mehr anbot. Die Couch haben wir bis heute behalten. Sie ist inzwischen durchgelegen und abgestoßen, aber ein Erinnerungsstück an diese anstrengende und zugleich zufriedenstellende Zeit. Noch heute zaubert es mir ein kleines Lächeln auf die Lippen, wenn ich sie betrachte.

Nachts hörten wir Trippelgeräusche vom Dachboden und in den Zwischendecken. Gartenschläfer und Mäuse hatten sich häuslich eingerichtet. Wir fanden ihre Bauten, Hinterlassenschaften und jede Menge Skelette früherer Mäusegenerationen beim Abriss der alten Deckenpaneele im Erdgeschoss. Frohen Mutes hatten wir mit einem großen Kuhfuß die ersten Paneele entfernt, als uns lawinenartig eine riesige Ladung Mäuseködel, Nestmaterial und Knöchelchen entgegenkam, genau ins Gesicht. Fluchtartig verließen wir das Zimmer, warfen uns in weiße Ganzkörperschutzanzüge und Staubmasken und arbeiteten erst dann geschützt wie an einem Tatort weiter. Mäusemist im Gesicht war dann doch zu viel! Im Nachhinein waren wir sehr froh, dass wir uns entschlossen hatten, die dunklen Bretter abzureißen und nicht wie zuerst geplant nur zu streichen!

Je weiter wir vorankamen, desto mehr verloren sich die Befürchtungen, hinter schützenden Abdeckungen noch „böse Überraschungen" in Form von größeren Feuchtigkeitsschäden oder zum Beispiel Rissen im Mauerwerk zu entdecken. Oftmals kannte jemand jemanden, dem beim Abschlagen des Putzes die ganze Wand entgegengekommen ist oder der beim Rückbau alter Deckenpaneele morsche Balken in der Zwischendecke festgestellt hat. So etwas ist uns glücklicherweise erspart geblieben. Der Gutachter hatte die Bausubstanz richtig beurteilt.

Anders sah es in den Stallungen und Scheunen aus. Hier hatten sich Holzwurm und sogar der deutlich schädlichere Holzbock eingenistet. Viele helle Holzmehlhäufchen unter den kleinen Wurmlöchern zeigten, dass auch aktuell noch reichlich Exemplare an unseren Balken und Bodendielen knabberten. Hier mussten wir schnell sein: In etlichen Stunden verstrichen wir Liter um Liter Anti-Holzwurmmittel und experimentierten entgegen unserer sonst sehr zurückhaltenden Einstellung zu „Chemiekeulen" sicherheitshalber nicht mit milderen Mitteln. Ein morsches Dach konnten wir uns nicht leisten! Zum Glück bekamen wir das Problem mit einer akribischen Behandlung auch in gefährlichen Höhen in den Griff. So manches Mal wurde mir anders, wenn ich die superlange Leiter halten musste, auf der mein Mann im hohen Dachstuhl unserer

Scheunen stand und einen Balken nach dem anderen strich. Später machten wir regelmäßig gezielte Kontrollgänge, aber die typisch-verdächtigen Holzmehlhäufchen blieben glücklicherweise aus.

Gleichzeitig mit den Arbeiten im Haus gingen wir die nötigsten Dinge in den Stallungen an. Vom noch mit altem, staubigem Stroh prall gefüllten Heuboden ging vom ersten Tag an ein penetranter Verwesungsgeruch aus. Lange konnten wir ihn nicht genau lokalisieren und schoben das Problem immer wieder zur Seite. Das machte den Geruch jedoch nicht weniger, erst recht nicht bei den steigenden Frühlingstemperaturen. Irgendwann konnten wir ihn nicht mehr ignorieren. Uns blieb nichts anderes übrig, als mit der langen Leiter hinaufzuklettern und mit einer Handleuchte zwischen Unmengen von Strohballen nach dem Kadaver zu suchen. Auf allen Vieren unter dem flachen Schrägdach wurden wir schließlich „der Nase nach" fündig: Ein Marder hatte sich einen Bau angelegt und war darin verendet. Wir atmeten im wahrsten Sinne des Wortes erleichtert auf, als das Problem beseitigt war.

Einen sehr speziellen „Schatz" gab es im Hühnerstall. Krankheitsbedingt konnte er von den Vorbesitzern über mehr als 10 Jahre nicht gereinigt werden. Wir fanden eine dicke Schicht von uraltem und damit hervorragend abgelagertem Hühnermist vor, perfekter organischer Dünger für viele, viele Gartenjahre. Anstatt ihn zu entsorgen, befüllten wir in schweißtreibender, extrem staubiger Arbeit mit Mundschutz und Overall über vierzig Getreidesäcke aus altem Leinen mit dem Guano und lagerten sie auf dem Heuboden ein. Jeden Herbst holten wir nach Bedarf einen oder zwei Säcke herunter und arbeiteten den Inhalt in die Böden ein.

Im zweiten Herbst auf dem Hof legten wir uns an einer fast ganztägig sonnigen und windgeschützten Stelle einen für uns in der Größe völlig neuen Ackerstreifen an. Früher wuchs an gleicher Stelle bereits Gemüse, nach Ende der Bewirtschaftung war Rasen eingesät worden, der bis zu unserer Übernahme mehrmals im Jahr gemulcht worden war. Eine gewisse Humusschicht war vorhanden, allerdings war der Boden auch stark verdichtet, wie wir bei ersten Spatenstichen durch die Grasnarbe und an dafür typischen Pflanzen wie Ackerschachtelhalm und Löwenzahn feststellten. Hier musste professionelles Gerät her, ein einfaches Fräsen und Lockern hätte keinen Erfolg gebracht. Umgraben kam von der Größe her nicht in Betracht, also ersteigerte mein Mann im Internet günstig einen einscharigen kleinen Weinbergspflug. Typisch für uns holten wir ihn unkonventionell und schweißtreibend auf der Ladefläche unseres Pickups ein paar Orte weiter ab. Aufgeladen wurde er mit Hilfe eines Frontladers, beim Abladen aber ächzten wir zu zweit doch gewaltig unter dem Gewicht. Wir zogen und schoben ihn mit vollem Körpereinsatz zunächst auf in Höhe des Pickups gestapelte Paletten und spannten ihn dann direkt hinter unseren kleinen Obstbautraktor.

Ein Miniaturgespann im Gegensatz zu den Traktoren, die um uns herum auf den Feldern unterwegs waren, für unsere Bedürfnisse aber genau richtig. Reihe für Reihe zogen wir durch die dichte Grasnarbe. Schon damals spürten wir die Vorfreude auf die kommenden Ernten.

Das brachiale Vorgehen mit dem Pflug blieb allerdings der einzige tiefe Eingriff in das Bodengefüge. Je mehr wir uns mit ökologischem Anbau und mit Permakultur beschäftigten, desto mehr lernten wir, dass Boden auf keinen Fall nur lebloses Pflanzsubstrat ist, sondern ein überaus vielfältiges Gefüge mit Mikroorganismen, Kleinlebewesen und Regenwürmern, die in einem perfekten Zusammenspiel einen lockeren, fruchtbaren Boden schaffen. Aufreißen und Umgraben dieser Schichten zerstört die wertvollen Symbiosen und schadet mehr als es nützt.

Im Herbst nicht umzugraben mussten wir erst lernen, zumal uns noch beigebracht worden war, dass aufgebrochene Erdschollen im Winter vom Frost aufgesprengt werden und der Boden danach lockerer ist. Das mag kurzfristig stimmen, nach den ersten Regenschauern im Frühling verdichtet sich die Erde jedoch schnell wieder, gerade wenn sie einen so hohen Lehmanteil hat wie in unserer Gegend. Boden aus tieferen Schichten liegt plötzlich oben, und die Lebensräume ihrer Bewohner (und damit auch sie selbst) werden zerstört.

Genauso eine irrtümliche Annahme war es für uns, Mist möglichst tief im Boden unterzugraben, damit er schon dort ist, wo er später benötigt wird: an den Wurzeln.

Damals wussten wir noch nicht, dass in den unteren Bodenschichten nicht ausreichend Sauerstoff vorhanden ist, um die Abbauprozesse in Gang zu setzen, der Mist also eher fault als dass er zu wertvollem Dünger wird.

Raum für die Natur

Von Anfang an lag es uns am Herzen, nicht nur für uns, sondern auch für kleine und größere Bewohner des Nahelandes geschützte und artgerechte Lebensräume zu schaffen oder zu erhalten. In früheren Zeiten war der Hof konventionell betrieben worden, vieles war funktional mit eingeebneten und versiegelten Flächen. Aufgrund des langen Leerstands war die Natur allerdings bereits auf dem besten Wege gewesen, sich ihre Lebensräume zurückzuerobern. Efeu wucherte bis hoch zur Dachrinne, Totholz stapelte sich im ehemaligen Garten und mannshohes Gestrüpp bot viele kleine und größere Verstecke. Diese Lebensräume wollten wir nicht gänzlich zerstören.

Viele Bewohner unseres Hofes lernten wir bereits kennen, bevor wir dort wohnten. Trotz der fünf Katzen, die aus der Nachbarschaft gern zu uns zu Besuch kamen, konnten wir Wildbienen, verschiedene Schmetterlingsarten, Gartenschläfer, Fledermäuse, Blindschleichen, Salamander und mehrere seltene Vogelarten ausmachen, die das so lange ungenutzte Grundstück bezogen hatten. Ihnen wollten wir ihr Zuhause lassen und gingen behutsam in der Neustrukturierung vor.

Das große Grundstück rund um den Hof teilten wir in verschiedene Bereiche, angepasst an die räumlichen Bedingungen und die Lichtverhältnisse. Neben den Nutz- und Weideflächen für unsere Tiere verblieben einige Wiesenflächen naturbelassen als Insektenweiden und zur Heugewinnung. Wir legten einen Magerbeetbereich an sowie mehrere spezielle Lebensräume wie Trockenmauern, Kompost- und Misthaufen, Totholzecken und Feuchtbiotope. Habitate, die bereits vorhanden waren, versuchten wir zu erhalten. An einem windgeschützten, sonnigen Platz türmten wir die Sandsteine einer abgerissenen Mauer zu einem losen Steinhaufen mit vielen Versteckmöglichkeiten auf, der bald von allerlei Getier bezogen wurde. Schon im Folgejahr flitzten auffällig viele kleine Eidechsen über den angrenzenden gepflasterten Hof. Heimische Eidechsenarten wie die Zaun-, Mauer- oder Smaragdeidechse lassen ihre

Eier von der Sonne ausbrüten und sind damit auf warme Flächen mit lockerer Erde angewiesen. Sie graben Gänge unter Steine oder Legeröhren in den Boden, die sie nach der Eiablage wieder zuscharren. Frisch geschlüpfte Eidechsen sind sofort selbständig, müssen sich aber vor vielen Fressfeinden in Acht nehmen. Nachbars Katzen machten sich regelmäßig einen Spaß daraus, die Eidechsen zu jagen, wie wir immer wieder live vom Küchenfenster aus beobachteten. Ein weiterer Grund, ihnen möglichst viele Versteckmöglichkeiten zu bieten. Die Zauneidechse (Lacerta agilis) braucht im Gegensatz zur Mauereidechse (Podarcis muralis) noch etwas struktur- und beutereichere Habitate. Sie benötigt mehr Feuchtigkeit und möglichst feine Vegetationsmosaike mit dichter Krautschicht und (Tot-)Gehölz in der Nähe. Auch hierauf haben wir bei der Neustrukturierung des Gartens geachtet. Rund um den Platz, an dem wir zufällig einmal ein Exemplar der scheuen, bis zu 22 Zentimeter langen Zauneidechse entdecken konnten, versuchten wir, auf kleinem Raum mehrere dieser Vegetationsmosaike einzurichten, denn das Revier der streng geschützten Art ist normalerweise überraschend klein. Sie bewegen sich in überschaubarem Radius zu ihrem Geburtsort.

Besonders entzückt waren wir, als wir in der Nähe unseres künstlich aufgetürmten Steinhaufens unseren ersten Tigerschnegel entdeckten. Tigerschnegel sind bis zu 20 cm lange Nacktschnecken mit einer charakteristischen, namensgebenden Zeichnung. Es sind ausgesprochen nützliche Tiere im Garten, denn Tigerschnegel fressen bevorzugt andere Nacktschnecken, deren Jungtiere und die Eier. Dabei beschränken sie sich nicht auf kleine oder schwache Schnecken, sondern attackieren sogar große Exemplare, beißen wiederholt zu und verschleppen sie. Gehäuseschnecken lassen sie in Ruhe, genauso wie die Kulturpflanzen. Neben den Schnecken ernähren sich Tigerschnegel praktischerweise von welkem, toten Pflanzengewebe, Moos oder Fallobst. Ein sehr gern gesehener Mitbewohner also!

Wenige Wochen nach der Schlüsselübergabe „fand" mein Mann im tiefsten Winter 2020 unfreiwillig ein kleines, künstliches Wasserreservoir. Er stakste über die dicke Brombeer- und Efeudecke im Garten, um plötzlich und unvermittelt mit seinem Stiefel bis zur Wade in eiskaltes Wasser einzubrechen. „Mist, jetzt muss ich den ganzen Tag mit nassen Füßen rumlaufen", war sein erster Kommentar.

Ersatzschuhe hatte er nicht, weil wir zu dem Zeitpunkt nur stundenweise auf dem Hof arbeiteten. Trotz seines „Eisbeins" ließ er es sich nicht nehmen, mit einem Spaten durch den dicken Pflanzenteppich zu stoßen und die Ausmaße der Senke zu erkunden. Er fand einen eingelassenen Betonring mit gegossenem Boden von etwa 40 cm Tiefe. Kein sonderlich ansehnliches Gartenelement, aber wieder ein wichtiges Biotop für Insekten und Kleintiere. Als die Temperaturen es zuließen, legten wir das Becken frei, schöpften es leer, säuberten es von einer dicken Schlammschicht und setzten einige heimische Wasserpflanzen und Stichlinge gegen Mücken ein. Aus großen Sandsteinen türmten wir kleine lose Mauern und Steinhaufen rings um den Betonring. Trockene Hohlräume in der Nähe eines Feuchtbiotops werden von Kleintieren gern als Unterschlupf genutzt. Die Randbereiche des Teichs flachten wir als Ausstiegshilfen mit Steinen ab.

Schon bald erblickten wir eine junge Ringelnatter im Wasser. Ausgestreckt und ruhig lag sie am flachen Beckenrand. Ringelnattern schwimmen und tauchen ausgezeichnet. Wir hatten gerade Besuch, und die Reaktionen reichten von „Iiih, eine Schlange" bis zu „ach guck mal, wie wohl sie sich gerade fühlt". Schlangen polarisieren nach wie vor, dabei muss man sich vor den heimischen Schlangenarten in unserer Gegend wirklich nicht fürchten. Die drei in Rheinland-Pfalz vorkommenden Arten Ringelnatter, Schlingnatter und Würfelnatter sind alle ungiftig und völlig ungefährlich. Gerade Ringelnattern nehmen selbst gern Reißaus, wenn ihnen eine Begegnung gefährlich erscheint. Wie andere Schlangen auch brauchen sie zum Wohlfühlen einen Lebensraum sowohl mit feuchten als auch mit trockenen, warmen Bereichen. Tümpel, Teiche oder Seen benötigen sie für ihre Ernährung. Gerade in jungen Jahren bilden Kaulquappen und andere Larven im Wasser die Hauptnahrungsquelle von Ringelnattern. Ausgewachsene Exemplare ernähren sich von Fröschen und Molchen, aber auch von Regenwürmern oder kleinen Mäusen. Ihre Eier legen sie gerne in Kompost- oder Misthaufen.

Unserem Exemplar war leider keine lange Lebenszeit vergönnt. Schon am kommenden Tag lag sie kopflos vor dem kleinen Teich. Wir vermuten eine der Katzen aus der Nachbarschaft als Täter. Es ist das Schicksal vieler junger Ringelnattern. Sie brauchen drei Jahre, bis sie ausgewachsen sind und haben viele Fressfeinde.

An mehreren schattigen und halbschattigen Stellen auf dem Grundstück stapelten wir das bei unseren Aufräumarbeiten reichlich angefallene Totholz auf. Zwischen Efeu und Brombeeren waren wir auf einen umgestürzten Pfirsichbaum gestoßen, viel zu wertvolles Biomaterial, um es einfach zu entsorgen. Auch aufgestapelte Totholzhaufen bieten vielen Lebewesen Unterschlupf und Nahrung. Der alte Stamm musste sowieso zersägt werden, und so türmten wir die modrigen Stücke mit bewusst gestalteten Hohlräumen locker auf. Obstbaumholz ist ein besonders guter Nährboden für Pilze, auch Flechten und Moose siedeln sich gern darauf an. Beim natürlichen Abbau des Holzes entsteht ein Lockersediment aus organischen Materialien, das Mulm genannt wird.
Viele Bewohner der Bodenfauna wie Würmer oder Asseln freuen sich über diese Nahrungsquelle und locken mit ihrer Anwesenheit wiederum insektenvertilgende Vögel an. Wieder einmal war es eine Win-Win-Situation für uns und unseren Naturgarten: Der alte Stamm verschwand von unserem zukünftigen Sitzplatz und der ökologische Wert unseres Gartens wurde erhöht. Baumschnitt, der zu dick zum Schreddern war, wanderte regelmäßig auf diese Haufen. Drumherum ließen wir Brennnesseln stehen, denn sie sind, ebenso wie die lästigen und pieksigen Brombeeren, wertvolle Raupenpflanzen. Sechs Schmetterlingsarten, darunter der Kleine Fuchs, das Tagpfauenauge und der Admiral, legen ihre Eier auf der Brennnessel ab. Wir wollten Schmetterlinge in unserem Garten sehen, also brauchten wir Brutplätze für ihren Nachwuchs!

Einige Wochen nach der Hofübernahme erkundeten wir mit Taschenlampen das großräumige Kellergewölbe. Es war feucht und stockduster. Elektrisches Licht gab es nicht. Schritt für Schritt wagten wir uns über gestampften Lehmboden tiefer in die Dunkelheit, als plötzlich etwas Dunkles wild um unsere Köpfe herumflatterte.

Was haben wir uns erschreckt! Es war eine einzelne Fledermaus, die in dem Moment sicher genauso einen Adrenalinschub bekam wie wir. Sie lebte offenbar in einem kaputten Hohlblockstein auf einem Mauervorsprung. Im Winter nutzen Fledermäuse Höhlen und alte (Gewölbe-)Keller zum Winterschlaf, denn dort ist es frostfrei, gleichbleibend temperiert und feucht genug, um sie vor Austrocknung zu schützen. Da sie in dieser Zeit nur von ihren Fettreserven leben, schmälern starke Temperaturschwankungen oder Umgebungsunruhe die Überlebenschancen.

Diese Kleine hatte also gut bei uns überwintert und war bereits erwacht, was durchaus zur Jahreszeit passte. In den folgenden Wochen und im Herbst nutzte sie ein kleines Loch in der Außenmauer und zog mit mehreren Artgenossen ihre Kreise.

Im Sommer siedelte sie um hinter einen der hölzernen Fensterläden, wie wir anhand ihrer Hinterlassenschaften feststellten. Wir ließen sie gewähren, die Läden blieben dauerhaft offen. Sichere Quartiere sind wichtig für Fledermäuse, denn rund zwei Drittel des Tages halten sie sich darin auf. Oft saßen wir bei Anbruch der Dunkelheit im Hof, beobachteten die pfeilschnelle, ortungssichere Jagd der Fledermäuse zwischen den hohen Mauern und fragten uns, ob „unsere" eine von ihnen war. Wieder waren wir zufrieden, auch Fledermäusen ein artgerechtes Habitat bieten zu können. Den Keller beließen wir wie er war.

Seit vielen, vielen Jahren lebten mehrere Völker Wildbienen hoch oben in unserer Stallwand in langen Tonröhren, die ursprünglich zur Belüftung gedacht waren. Teils überwinterten die Schwärme, teils kamen sie im Frühjahr offenbar seit Jahrzehnten gezielt aus ihren Winterquartieren zurück. Bienen machen keinen Winterschlaf, sondern halten Winterruhe. Wir waren sehr dankbar für die standorttreuen Mitbewohner unseres Hofes, denn sie bestäubten zuverlässig die Pflanzen, allen voran die Bäume und Sträucher in unserem Obstgarten genau unterhalb der Tonröhren. Wildbienen bestäuben die Pflanzen schneller und effektiver als Honigbienen. Zudem fliegen sie auch, wenn es Honigbienen zu kalt oder zu nass ist und haben damit bei unseren zunehmenden Klimaveränderungen eine noch wichtigere ökologische Bedeutung.

Bekanntermaßen sind viele der über 500 bisher in Deutschland festgestellten Wildbienenarten vom Aussterben bedroht. Sie haben sich in ihrer Entwicklung auf die Pollen bestimmter Pflanzenfamilien oder einzelner Arten spezialisiert. Verschwindet die Pflanze, stirbt auch die Biene.

Wildbienen produzieren keinen Honig aus dem Nektar. Anfangs hatten wir uns gefragt, ob die Belüftungsrohre nicht irgendwann verstopft sein mussten. Mutig stieg mein Mann im ersten Winter hoch zu den Röhren, konnte aber keine Waben erkennen. Aus Eigenschutz und Rücksicht auf die Bienen ließen wir der Natur ihren Lauf und störten die Tiere nicht in ihren Bauten. Jahr für Jahr bewohnten sie die Röhren und niemals wurden sie zugebaut bis an den Rand.

Früh schwärmende Wildbienen brauchen frühe Pollen. Weil sie ein besonderes Sehvermögen haben, reagieren Bienen besonders auf gelbe Blüten. Sie erscheinen ihnen kräftig purpurfarben und heben sich ab von den verschiedenen Graustufen, die die Bienen statt der Grüntöne sehen. Das erklärt auch, warum so viele einheimische Frühblüher sich mit gelben Blüten schmücken – ein weiteres geniales Zusammenspiel in der Natur.

Wir unterstützten unsere Wildbienen mit der Anpflanzung solcher Frühblüher wie Haselnuss oder Kornelkirsche. Kornelkirschen entwickeln noch vor dem Laubaustrieb unzählige kleine goldgelbe Blütendolden, die sich bei kühler Witterung drei bis vier Wochen an den Zweigen halten. Die nektar- und pollenreichen Blüten verströmen einen leichten Honigduft, der die ersten Insekten anlockt. Kornelkirschen, manchmal auch Herlitze, Dirndlstrauch oder Hornstrauch genannt, kann man übrigens auch essen. Im Sommer reifen etwa zwei Zentimeter lange, scharlachrote Früchte heran, die viel Vitamin C enthalten und sich zu Marmelade, Saft, Likören und anderen Köstlichkeiten verarbeiten lassen.

Jedes Jahr wieder waren wir erstaunt, wie unglaublich viele Bienen beim Einschwärmen eines neuen Volkes in den Röhren verschwanden und wie sie sich auf dem wenigen Platz organisierten. Mehrfach hatten wir das Glück, dieses Schauspiel beobachten zu dürfen. Zuerst bemerkten wir ein unspezifisches Rauschen, das sich zu einem Dröhnen in beachtlicher Lautstärke entwickelte. Fast hörte es sich wie ein weiter entfernter

Hubschrauber an. Dann kam das Volk in einer Art Wolke gezielt angeflogen und bildete sofort eine dunkle Traube am Eingang der Tonröhre. Es dauerte etwa eine halbe Stunde, bis alle Tiere darin verschwunden waren. Danach war es bis auf das typisch leise Summen wieder ruhig. Wir staunenden Menschen standen so lange unbeachtet und unbehelligt unter Schwaden von Bienen, denn die strömten instinktiv nur ihrer Königin hinterher. Ein spannendes Naturschauspiel mit tausenden von Akteuren. Revierkämpfe mit den bereits ansässigen Völkern haben wir dabei nie festgestellt.

Lange fragten wir uns, was mit der alten Mistkaute passieren sollte. Mit ihren schmutziggrauen Betonwänden war sie alles andere als ansehnlich mitten in unserem Innenhof. Wir wollten Farbe und Leben in die schmuddelige, rechteckige Betonwanne bringen, ohne den authentisch-historischen Charakter des ansonsten hübsch gepflasterten Hofes zu zerstören. Den größten Teil des Tages lag die Mistkaute in der Sonne und war einer der wärmsten Orte auf dem Grundstück. Wie geschaffen für ein Magerbeet mit einer Bepflanzung, die mit Trockenheit zurechtkam und andere Tiere anlockte als Wiesen- oder Feuchtraumhabitate. Magerbeete mit durchlässigen Böden und recht anspruchslosen Pflanzen gibt es leider immer seltener, denn es dauert verhältnismäßig lange, bis sich die langsam wachsenden Pflanzen etabliert haben und ihre Blühkraft entfalten. Viele Gartenbesitzer sind zu ungeduldig, sie entscheiden sich lieber für schnellwachsende, oft einjährige Pflanzen oder üppig blühende, aber wenig nektarproduzierende Zuchtformen. Bringt man etwas Geduld mit, hat man mit einem Magerbeet nach ein paar Jahren ein pflegeleichtes Habitat für spezialisierte Insektenarten und wärmeliebende Reptilien.
Zunächst rissen wir brachial die Seitenwände der Mistkaute ein und schlugen mit einem Bohrhammer Löcher in die betonierte Bodenplatte, damit das Regenwasser zukünftig versickern konnte. Den oval angelegten Boden füllten wir mit einer Drainageschicht aus den Bruchsteinen der Seitenwände und kaputten Tondachziegeln auf. Darauf gaben wir eine Schicht Erdaushub. Damit der Boden im ersten Jahr nicht brach lag und wertvolle Inhaltsstoffe ausgeschwemmt werden würden, säten wir,

noch vor den langlebigen Trockenpflanzen, eine Mischung einjähriger, bienenfreundlicher, heimischer Wildblumen ein. Sie mögen mageren Boden, wachsen auch auf engstem Raum und kommen gut klar mit Trockenheit.

Ein Meer von Blüten in allen Farben entwickelte sich im folgenden Sommer und war so intensiv und langanhaltend, dass Dorfbewohner und auch Fremde immer wieder anhielten und ein Gespräch begannen: „Was für großartige Blumen! Es ist unglaublich, wie sich Euer Innenhof dadurch verändert. Wo habt Ihr denn die Samenmischung her?"

Natürlich waren wir stolz, aus der einst hässlichen Betonwanne ein Blumenmeer geschaffen zu haben. Die Samenmischung dafür hatte mir meine Freundin geschickt. Jeden Morgen, wenn ich aus dem Küchenfenster guckte, dachte ich an sie. Kleine Tüte, große Wirkung!

Viele Wochen bis tief in den Herbst hinein gestaltete sich die Fläche in immer anderen Farbkombinationen. Eine echte Augenweide und ein Insektenmagnet ohne Gleichen. Im Herbst und Winter ließen wir die verblühten Stängel stehen, denn sie sind Überwinterungsplatz und Kinderstube für viele Insekten, die wir dort schon im ersten Jahr beobachten konnten.

Auf vorher verwilderten Flächen rund um unseren Sitzplatz setzten wir ebenfalls robuste, insektenfreundliche Pflanzen, darunter die Insektenmagneten Sommerflieder und Bartblume. Letztere kannten wir bis dato gar nicht.

Im Hochsommer des Vorjahres hatten wir eine Fahrradtour mit Pause in einem Biergarten unternommen. Das Lokal war sehr gut besucht. Fast alle Tische waren besetzt bis auf den an einem stattlichen, blaublühenden Strauch. Dort wimmelte es dermaßen von Insekten, dass sich niemand an diesen Tisch setzen wollte. „Da sind viel zu viele Viecher", hörte ich einen Touristen am Nachbartisch zu seiner Begleitung sagen, die sich postwendend lieber in der prallen Sonne als neben dem Strauch niederließ. Noch vor Ort recherchierten wir die Pflanze und kamen auf die Bartblume, die bald einen perfekten Platz auch bei uns gefunden hatte. Rund um unseren Sitzplatz flatterte es in den Sommermonaten daraufhin so reichlich und abwechslungsreich, dass wir uns nach getaner Arbeit gern dort ausruhen und dem im wahrsten Sinne des Wortes „bunten Treiben" zusahen. Sogar ein Taubenschwänzchen, ein Nachtfalter mit langem Rüssel, das den Nektar wie ein Kolibri im Schwirrflug aus der Blüte holt, entdeckten wir.

Neben die Bartblume pflanzten wir einen Flieder. Zwar hat der klassische Sommerflieder (Buddleja) für die Insekten einen deutlich geringeren Nährstoffgehalt als zum Beispiel heimische Distelarten, als beliebte Anflugpflanze und mit dem guten Gefühl, an anderen Stellen Pflanzen mit mehr Nektarangebot gesetzt zu haben, nahmen wir diese oft nicht bekannte Tatsache in Kauf.

Auch im Bereich unserer Nutzpflanzen fand mit der Neuanlage ein Umdenken statt. Auf einem sonnenbeschienenen Stück und direkt unterhalb unserer Wildbienenröhren legten wir ein „Fruchtwäldchen" an. Neben klassischem Obst wie Äpfeln, Kirschen, Aprikosen und Mirabellen pflanzten wir dort alte Sorten wie Kornelkirschen und Renekloden, die heutzutage oft hochgezüchteten Hybridpflanzen mit schnellem Wachstum und hohen Erträgen weichen mussten. Zwischen die Bäumchen setzten wir als Unterbepflanzung Kräuter, die von der Beschattung durch die Bäume profitierten. Petersilie zum Beispiel liebt feuchte, halbschattige Plätze an den Baumscheiben. Die Unterbepflanzung wiederum bedeckte die Baumscheiben und verhinderte eine schnelle Austrocknung bei Hitze.

In unserem Fruchtwäldchen waren eher in Vergessenheit geratene Nutzpflanzen zu finden. Als frühkeimende, robuste und essbare Pflanze lernten wir zum Beispiel die Gartenmelde (auch Spanischer Salat oder Maiflitsch genannt) kennen und schätzen. Im ersten Jahr auf unserem Hof radelte mein Mann auf Erkundungstour durch die nahegelegenen Ortschaften und sah in einem Bauerngarten eine Gruppe wunderschöner, leuchtendrot gefärbter, etwa zwei Meter hoher Pflanzen dieser alten Sorte, die viele nicht mehr kennen, die aber schon von den Römern aus Südosteuropa und Asien zu uns gebracht worden ist. Im Mittelalter und der Renaissance galt die Gartenmelde als beliebte Gemüse-, Heil-, Zier-

und Färbepflanze, wurde dann jedoch nach und nach von Spinat verdrängt. Es gibt grün-, rot-, und gelbblättrige Gartenmelden-Sorten.

Mein Mann brachte einige Samenkörner mit, die wir im kommenden Frühjahr an einer sonnigen Stelle aussäten. Melden keimen schon bei niedrigen Außentemperaturen und entwickeln sich schnell. Wo die einjährige Pflanze einmal „angekommen" ist, versät sie sich gern selbst, wenn man die Blütenstände stehen lässt. Sie blüht in unseren Breitengraden von Juli bis September. Melden gedeihen auf fast allen Böden, sie mögen nur keine zu starke Trockenheit. Geerntet wird sie entweder als Jungpflanze, indem man sie bei einer Wuchshöhe von 15 bis 20 Zentimetern schneidet oder man lässt die Pflanze hoch wachsen und erntet bis zum Beginn der Blütenbildung nur die Blätter und Triebspitzen. Danach schmecken sie bitter. Nach dem Pflücken oder Schneiden der Blätter treiben die Pflanzen immer wieder aus, wenn man die unterste Blattachse stehen lässt. Junge Blätter können roh gegessen und als Salat zubereitet werden, ältere blanchiert man. Gartenmelden sind aber nicht nur für uns Menschen interessant, sie sind auch eine hervorragende Futterquelle für Vögel. Sie blühen in Rispen, an denen unzählige Samen reifen, die zudem noch leicht ausfallen. Ideal für Wildvögel und gleichzeitig Beschäftigungsfutter für unser Geflügel.

Ebenfalls bei Ausflügen in die Umgebung lernten wir den Gartenfuchsschwanz aus der Gattung der Amarant-Pflanzen kennen, von denen es über 60 verschiedene Arten gibt. Schon die Azteken kannten ihn. In vorkolonialer Zeit waren Amarantkörner eine wichtige Proteinquelle, wurden aber auch bei Opfergaben verwendet, woraufhin der Anbau durch die spanischen Kolonialherren verboten wurde. Dennoch ist die Kultur in Südamerika nie verschwunden und bekommt heutzutage zunehmende Bedeutung als glutenfreies Nahrungsmittel. Den hirseartigen, sehr kleinen Samenkörnern fehlt das Klebereiweiß, das so vielen Menschen gesundheitliche Probleme bereitet.

Der Gartenfuchsschwanz ist eine wunderschöne Zierpflanze mit leuchtend roten Rispen, die an Fuchsschwänze erinnern, daher wohl auch der Name. Die Pflanze kommt mit jedem Boden zurecht, bevorzugt aber einen sonnigen Standort. Eine Kultur als Nutzpflanze rentiert sich recht wenig, da die Ernte sehr witterungsabhängig ist und viele Arbeitsschritte nötig sind, um aus den Rispen die vielen kleinen Körnchen zu gewinnen. Zur Reifezeit etwa im September/Oktober darf es nicht zu nass sein, außerdem müssen die Rispen rechtzeitig geerntet werden, bevor die Körnchen herausrieseln. Damit der Amarant nicht schimmelt, trocknet man die abgeschnittenen „Fuchsschwänze" nach, am besten über einer Schüssel oder einem Tuch. Dann streift man die vielen, vielen millimeterkleinen Körnchen heraus und siebt sie. Wir haben es mit unserer ersten Ernte ausprobiert, empfanden die Ausbeute im Verhältnis zu den Arbeitsschritten aber eindeutig als zu gering. Die Körnchen waren so klein und fein, dass wir uns im Folgejahr lieber an der Blätter- und Blütenpracht erfreuten und die Ernte den Vögeln überließen.

Die einjährigen Pflanzen ließen wir wie so viele andere über den Winter stehen. Im Herbst verfärbten sich Blätter und Stängel rötlich und gaben bis zum Frost tolle Farbtupfer zwischen die blasser werdenden Grün- und Brauntöne unseres Fruchtwäldchens.

Von wegen dummes Huhn!

Auf einen Bauernhof gehören natürlich auch Hühner. Schon in der Stadt hatten wir verschiedene, teils vom Aussterben bedrohte Hühnerrassen gehalten. Hühner sind großartig und ihre Haltung ist nicht so aufwändig, wie man vielleicht denkt. Bekanntlich sind sie Allesfresser, was uns das gute Gefühl gab, so gut wie niemals Essensreste wegwerfen zu müssen. Sie bekamen neben ihrem selbstgemischten Körnerfutter alles, was bei unseren Mahlzeiten übrig blieb, sofern es nicht zu scharf gewürzt war: Nudeln, Reis, Kartoffeln, altes eingeweichtes Brot, ungespritzte Gemüseabfälle und in Maßen auch Obst, das für uns nicht mehr verwertbar war.

In der Hoffnung, dass wir ihnen was Leckeres brachten, kamen sie aus der hintersten Ecke angerannt, sobald sie uns sahen oder hörten. Sofort „umzingelten" sie uns, schauten erwartungsvoll mit schiefen Köpfchen und langgestreckten Hälsen zu uns hoch und ließen uns kaum einen Schritt tun. Manchmal passierte es sogar, dass wir einem Huhn auf den Fuß traten, was mit erbostem Gegacker kommentiert wurde und wofür wir uns förmlich entschuldigten. Neben Getreide und Küchenabfällen bekamen unserer Hühner Grünfutter aus dem Garten in Form von geschossenen oder angefressenen Salaten, Spinat oder Mangold, Vogelmiere, Löwenzahn, Grasbüschel oder geraspeltes Wurzelgemüse. Gerade im Winter, wenn auf den Wiesen weniger Beikräuter wuchsen, raspelten wir oft Wintergemüse wie Karotten oder Kohl, die für Vitamine und sattgelbe Eidotter sorgten. Daneben schnitten wir ihnen – so der Boden nicht gefroren war - Gras zwischen den Bäumen im Fruchtwäldchen.

Im Spätwinter und im Frühling setzten wir nach dem Zufallsprinzip abwechselnd zwei Hennen als Gartenhelferinnen auf unserem Gemüsebeet ein. Sie kamen in ein verschiebbares Tagesgehege auf die unbestellten Beete und halfen fleißig bei der Bodenverbesserung und Schädlingsbekämpfung. Emsig pickten sie Unkraut, Schnecken und andere Schädlinge aus der Krume, bis ihr Kropf so prall gefüllt war, dass wir uns oft darüber amüsierten, wie sehr sie ihre Körperhaltung ändern mussten, um das Gleichgewicht zu halten. Abends wurden die zwei

Ausflüglerinnen zu ihrer Schar zurückgesetzt, damit gab es keine Probleme mit neuen Hackordnungen oder nächtlichen Besuchen von Fuchs und Co.

Auf keinen Fall sind Hühner so dumm, wie sie häufig dargestellt werden. Über Elefanten, Affen und Delphine wurde schon viel zu ihrer Intelligenz geforscht und geschrieben, Nutztiere aber wurden lange Zeit vielleicht auch bewusst vernachlässigt. Eine US-amerikanische Tierschutzgesellschaft hat vor mehreren Jahren gezielt wissenschaftliche Beweise für die kognitiven Fähigkeiten von Nutztieren gesammelt und in einem Fachjournal darüber berichtet. Insbesondere Hühner haben danach unterschiedliche Charaktere, können einander austricksen und sind zu logischen Schlussfolgerungen fähig, die Kinder erst mit etwa sieben Jahren meistern. Frisch geschlüpfte Küken können zwischen großen und kleinen Mengen differenzieren. Mit 24 verschiedenen Lauten und einem großen Repertoire visueller Zeichen verfügen Hühner über eine erstaunliche Kommunikationsfähigkeit. Naht etwa ein Habicht, warnt ein Hahn seine Hühner mit einem anderen Ruf als bei der Annäherung eines Fuchses. Hennen brauchen den Feind also gar nicht zu sehen, um richtig zu reagieren. Die Tiere sind weiterhin in der Lage, Zeitintervalle wahrzunehmen und auf Geschehnisse in der Zukunft zu schließen. Sie beobachten, lernen sogar dann voneinander, wenn sie Artgenossen nur auf einem Bildschirm sehen und werden vom Verhalten ihrer Mütter geprägt. Mit ihren kognitiven und emotionalen Fähigkeiten können sie es also durchaus mit Kleinkindern, Primaten oder Rabenvögeln aufnehmen.

All das Beschriebene können wir nur bestätigen. In unserer Hühnerschar gab es sehr verschiedene Charaktere und besondere Verhaltensweisen, die unsere Hennen und Hähne individuell machten.
So individuell und wertvoll, dass wir uns auf dem Hof entschieden, sie zu ihrem Schutz und unserem guten Gefühl nicht frei auf einer großen, grünen Wiese picken und scharren zu lassen. Diese Vorstellung hatten wir zu Beginn, als wir unseren Hühnerstamm mitsamt Gehege frisch aus der Stadt umgezogen hatten. Gerade wollten wir ihnen nach der Einge-

wöhnungszeit einen täglichen großen Auslauf aus dem gesicherten Gehege gönnen, als wir nächtlichen Besuch vom Fuchs bekamen. Er biss den Draht an mehreren Verbindungsstellen durch und drückte ein großes Loch in die Voliere. Auf einen Schlag tötete er fast alle Hühner. Füchse und auch Marder veranstalten wahre Massaker. Oft geraten sie in einen Blutrausch und reißen alle erreichbaren Tiere. Die Kadaver lassen sie verteilt liegen, wenn es zu viele sind, um sie sofort zu fressen oder zu ihren Jungen zu schaffen. Füchse decken die toten Tiere teilweise mit Einstreu ab, um sie später abzuholen. Eines Sonntagmorgens, etwa eine Stunde bevor wir Besuch erwarteten, haben wir solch ein Schlachtfeld vorgefunden: Bis auf unsere älteste, auf dem Kopf bereits federlose Henne, die lieber im Nest als auf der Stange übernachtete, hatte der Fuchs unsere gesamte Schar getötet. Die alte Henne hatte er offenbar schlichtweg nicht entdeckt, sie saß am nächsten Morgen traumatisiert noch immer im Nest. Die anderen lagen zwischen Unmengen von Federn verteilt in der Voliere und auf der Wiese. Es brach uns fast das Herz. Diese Hennen hatten wir mit Liebe in ihr neues Zuhause umgezogen. Jedes Huhn war etwas Besonderes. Zusammen sollten sie die ersten Farbtupfer im sonst noch recht grauen Hof sein und die Mütter vieler Küken werden. Jetzt aber blieb uns nichts anderes übrig als ihre Kadaver zu bergen.

Entgegen unserer anfänglichen Bilderbuchvorstellung einer Landidylle brachten wir unser Geflügel danach lieber im Stallgebäude unter. Dort waren die Tiere sicher vor Feinden, vor den durch den Klimawandel zunehmenden Extremwetterlagen wie Starkregen oder großen Temperaturschwankungen und nicht zuletzt vor Vogelseuchen wie der Vogelgrippe, die je nach regionalem Auftreten immer wieder unangenehme Einstellungspflichten nach sich ziehen.

Unsere Hühner lebten auf dem Hof von da an ungewöhnlich im ersten Stock des Stallgebäudes. Dort waren bereits früher Hühner untergebracht, sie hatten hier viel Platz und durch mehrere, teils nur mit Draht bespannten Fenster in unterschiedliche Himmelsrichtungen ausreichend Tageslicht, Sonne und Frischluft. Oftmals lagen sie dicht nebeneinander und sonnten sich morgens an dem einen Fenster und nachmittags am gegenüberliegenden. Dazwischen beobachteten sie aus der luftigen Höhe des Obergeschosses das menschliche Treiben auf der Straße. Kamen Spaziergänger vorbei, haben wir uns mehr als einmal gefragt, wer da eigentlich wen bestaunt.

Scharren und Picken wollten wir unseren Tieren natürlich trotz des versiegelten Bodens im Stall ermöglichen. Als Einstreu verwendeten wir Heu, Stroh, Rasen- und Grünschnitt, und eine Sandmuschel mit Spielsand zur Gefiederpflege fehlte auch nicht.

Mit so viel Platz gesegnet, stieg unsere Hühnerzahl nach dem ersten Rückschlag durch den Fuchs schnell an. In verschiedenen, räumlich getrennten Stämmen hielten wir sowohl Hybrid-Legehennen als auch seltene Rassen wie schwarze Sachsenhühner und schwere Mechelner. Daneben gab es bei uns noch einige Hühner mit besonderen Eigenschaften, wie zum Beispiel Araucana, die grüne Eier legen.

Regelmäßig hatten wir das Glück, mindestens eine Glucke, also eine brutbereite Henne zu haben. Leider sind brütende Hennen bei den hochgezüchteten Hybridrassen eher selten geworden. Der natürliche Bruttrieb geht zugunsten der hohen Legeleistung verloren. Hennen wissen oft schlichtweg nicht mehr, dass und wie sie für ein Fortbestehen ihrer Art sorgen können. Man erkennt eine Brutbereitschaft daran, dass die Henne das Legenest, das im Normalfall für mehrere Hühner gedacht ist, nicht mehr verlässt, es gegen ihre Artgenossinnen verteidigt und spezielle, eben glucksende Laute von sich gibt. Die Brutbereitschaft ist nicht auf das Frühjahr beschränkt. Eine unserer Hennen hat sich Ende Oktober dazu entschieden, brüten zu wollen. Wir sahen ihrem Vorhaben eher skeptisch entgegen, zumal frischgeschlüpfte Küken sehr wärmedürftig sind. Da sie sich aber auch durch mehrfaches Herausheben aus dem Nest und Wegnahme der Eier nicht beirren ließ, ließen wir sie schließlich gewähren und setzten sie mitsamt einiger frischer Eier in eine geschützte, für die anderen unzugängliche Nestkiste. Und siehe da, 21 Tage später präsentierte sie uns drei Küken, die sie auch bei Eisestemperaturen sorgsam wärmte und huderte. Auf natürliche Weise wuchsen die Drei mitten im Winter zu kräftigen Junghühnern heran.

Anfangs hielten wir auch Wachteln. Mehr als 10 Jahre zuvor hatte ich in unserem überschaubaren Reihenhausgarten mit der Haltung Japanischer Legewachteln begonnen.

Die kleinen Hühnervögel benötigen wenig Platz, sind anspruchslos, robust und kaum krankheitsanfällig. Und sie produzieren leckere kleine Eier, die manchmal für Allergiker sogar verträglicher sind als Hühnereier. Bei den Städtern kamen Wachteleier als Mitbringsel oder sogar auf Bestellung sehr gut an. Über die Jahre hatten wir uns viel Wissen über Wachtelhaltung angeeignet. Einen kleinen Stamm zogen wir auf den Hof um und wollten dort weitermachen, wo wir in der Stadt aufgehört hatten: Mit der Haltung und Zucht von Celadon-Wachteln, einer recht neuen Züchtung in unterschiedlichen Farbschlägen, die grünlich-bläuliche Eier legt. Mit viel Liebe bauten wir einen alten Pavillon auf der großen Wiese um zu einer schicken Wachtelvoliere. Das Dach wurde neu eingedeckt, wir strichen die Holzbalken und verschlossen offene Bereiche sorgfältig und einbruchssicher mit dickem Volierendraht. Der Pavillon wurde so zu einem schmucken Hüttchen und Hingucker auf der Wiese. Den Innenraum richteten wir artgerecht mit kleinen Anhöhen und Versteckmöglichkeiten her, und bald konnte unsere Wachtelschar einziehen. Wir waren sehr stolz auf dieses Projekt, hatten die Rechnung jedoch ohne Nachbars Katzen gemacht. Die fanden die kleinen Vögelchen in ihrem Revier natürlich hochspannend und schlichen abwechselnd und regelmäßig um den Pavillon herum. Unglücklicherweise war die Tür bis zum Boden nur mit Draht bespannt, so dass unsere Wachteln gut sichtbar waren und in Lauerstellung beobachtet wurden. Die Vögel gerieten dadurch immer mehr in Panik und flatterten schon nach kurzer Zeit panisch hoch, sobald sie nur ein Geräusch hörten. Das senkrechte Hochfliegen ist die typische Fluchtreaktion von Wachteln, ein Erbe ihrer Vorfahren, da sie noch nicht so lange domestiziert sind wie zum Beispiel Hühner. Leider änderte es sich auch nicht, als wir die Tür mit einem hohen Brett gegen Blicke und gefräßige Besucher abschirmten. Eine einmal schreckhafte Wachtel beruhigt sich nach unseren Erfahrungen sehr schwer, auch wenn tatsächlich keine Gefahr (mehr) droht. Unsere bis dahin ruhigen und entspannten Tiere verwandelten sich binnen kürzester Zeit in echte Kamikaze-Flieger, die sich durch heftiges Aufprallen an Decke und Wänden schwer verletzten. Hier war sehr schnelles Handeln gefragt. Wir quartierten die Wachteln um in ein Kükengehege im alten Schweinestall. Bei weitem nicht so schön wie draußen, aber genau wie bei den Hühnern einfach sicherer und im Sinne des Tierwohls. Unsere wunderhübsche Wachtelvoliere blieb verwaist zurück.

Die Eier, die uns unsere bunte Truppe in den Sommermonaten zuverlässig schenkte, wurden auf dem Lande leider überhaupt nicht geschätzt. Vielen Nachbarn schenkten wir ein Kästchen zum Probieren, die Reaktionen waren allerdings sehr zurückhaltend. „Ja, schmeckten gut", hörten wir auf Nachfrage. Punkt.

Es gelang uns nicht, die unermüdliche Produktion unterzubringen. Eine regelmäßige Lieferung zum Beispiel an ein Restaurant war zu unberechenbar. Wachteln legen nämlich nur bei einer bestimmten Helligkeit und einer bestimmten Temperatur und sind diesbezüglich deutlich empfindlicher als Hühner. Da wir die äußeren Parameter im Sinne einer gesundheitlich wichtigen Legepause für unsere Tiere nicht künstlich regeln wollten und die Hennen meist alle den gleichen Legerhythmus hatten, war unser Stamm für Lieferungen im größeren Umfang zu klein. Mehr Wachteln wiederum wollten wir nicht halten. Das Tierwohl war uns wichtiger als ein Profit.

In unserem Kühlschrank türmten sich in jenem Sommer also volle Wachteleierkartons. Wir versuchten sie so gut es ging selbst zu verwerten, konnten aber gar nicht so viele Eiersalate, Grüne Soße mit Wachteleiern und Kartoffeln, Riesenspiegeleier mit diversen „Augen" oder Rührei essen, wie wir hätten sollen. Dann und wann konnte ich ein paar Bruteier in die Umgebung abgeben, das war es dann aber auch. Wir steckten in unserer ersten Sackgasse.

Die Wachteln waren die ersten Tiere, die unseren Hof wieder verlassen mussten, leider. Es fiel uns alles andere als leicht. Aber wir hatten zu viele andere Aufgaben, um sie einfach nur so zum Spaß an der Freude zu halten wie in noch in der Stadt. Es machte zusätzliche Arbeit, den Stall regelmäßig zu misten, denn als hochgezüchtete Eierproduzenten haben Wachteln einen enormen Futterumsatz und eine entsprechende Verdauung. Auch sahen wir es als wenig sinnvoll an, die Eier, die wir beim besten Willen nicht mehr selbst verwerten konnten, abzukochen und an unsere Hühner als Proteinquelle zu verfüttern. Dazu waren sie einfach zu schade. Wir inserierten unsere Zuchtgruppe, und da sie schon optisch etwas Besonderes war, wurde die ganze Schar nebst eines einzeln geschlüpften Kükens von einer glücklichen neuen Züchterin abgeholt, in deren Umgebung Wachteln und ihre Eier mehr geschätzt wurden. So war wenigstens das Ende versöhnlich für uns.

Lamalpakas und andere Hoftiere

Neben Hühnern gab es natürlich noch weitere Tiere bei uns, so wie man es sich auf einem Bauernhof vorstellt.

Das Gelände war bereits Revier mehrerer Katzen aus der Nachbarschaft, als wir es übernommen hatten. Eigene Hofkatzen brauchten wir also nicht, wir hatten ausreichend unentbehrliche Ratten- und Mäusejäger in unseren Scheunen. Die gefräßigen Nager hatten kaum eine Chance bei uns – manchmal allerdings auch andere Tiere nicht, deren Überleben wir eigentlich gern gesichert hätten. Kleine Reptilien, Schmetterlinge und Jungvögel stehen bekanntlich leider auch auf dem Speiseplan von Katzen, wie wir immer wieder an erlegten Exemplaren in unserem Garten oder gar live beobachten mussten. Nicht schön, wenn man vom Sitzplatz aus verfolgen muss, wie eine Katze mit lauten Knackgeräuschen auf einer Blindschleiche herumkaut oder wie Schmetterlinge aus der Luft gefischt werden, aber so ist die Natur. Abgesehen von den Wachteln hatten unsere übrigen Hoftiere, auch die Hühner, übrigens keine Probleme mit den entspannt umherstreifenden Katzen. Man beäugte und beobachtete sich und ging seiner Wege. Nachbarskatze Juli war eine besonders treue Begleiterin. Kaum hörte sie Gläser- oder Geschirrklappern im Garten, kam sie herbeigelaufen, begrüßte uns katzentypisch, indem sie unsere Beine umschlich und legte sich dann in die Nähe.

Kater Sammy fühlte sich so heimisch bei uns, dass wir immer auf der Hut waren, ihn nicht versehentlich in einem Raum einzusperren, den er für ein Mittagsschläfchen oder aus Neugier in Beschlag genommen hatte. Besonders gern saß er vor unserem großen Aquarium und beobachtete die Fische. Seine Schwester Bonnie dagegen kam seltener und war deutlich scheuer. Sie schmückt das Cover dieses Buchs.

Kater Emil war einmal in einen Kampf verwickelt, der ihn einen Zahn kostete. Dieser hing halb herausgebrochen aus seinem Maul und führte dazu, dass er es nicht mehr schließen konnte. Innerhalb kürzester Zeit verwandelte sich Emil zu einer sabbernden, struppigen Kreatur. Es ist erstaunlich, wie schnell Katzen sich verändern, wenn sie sich nicht regelmäßig putzen können. Er tat uns so leid! Die Geschichte endete jedoch gut. Gerade als der Tierarzttermin zur Zahnentfernung bevorstand, lag der Zahn vor der Haustür seiner Besitzer und Emil erholte sich sofort.

Etwa zwei Jahre lebten die Lama-Alpaka-Mix-Wallache Harry und Socke bei uns. Mit Neuweltkameliden hatten wir schon lange geliebäugelt. Wir mögen die graziösen, hübschen Tiere mit ihren großen Augen. Im Vorfeld hatten wir einen Basiskurs für die Haltung von Alpakas oder Lamas besucht, der uns in unserem Wunsch bestätigte, zwei von ihnen bei uns ein Zuhause zu geben. Es sind die idealen Weidetiere, wenn man genug Platz hat. Im Gegensatz zu Schafen, die wir in der Stadt über viele Jahre gehalten hatten und deren oft grundloses Geblöke uns und die Nachbarn manchmal empfindlich gestört hatte, hört man von Neuweltkameliden so gut wie keinen Mucks. In bestimmten Situationen geben sie unterschiedliche Arten von Summen, Gurgeln oder im äußersten Alarmfall eine Art leises Wiehern von sich, ansonsten sind sie von Natur aus ausgesprochen neugierige, freundliche, ruhige und anspruchslose Tiere.

Kameliden sind sogenannte Schwielensohler, das heißt sie haben statt Hufen oder Klauen stoßdämpfende Knorpelelemente an ihren Füßen, die mit einer dicken Lederhaut überzogen sind und an deren Ende sich zwei Zehen mit Zehennägeln befinden. Die Grasnarbe der Weidefläche wird durch diese Fußschwielen mehr geschont als bei Huftieren. Neuweltkameliden haben eine gespaltene Oberlippe und im Oberkiefer eine Kauleiste anstelle von Zähnen. Das Gras wird damit abgezupft und nicht wie bei anderen Weidetieren ab- oder herausgerissen. Aufgenommenes Futter verwerten sie effizienter als andere Wiederkäuer, begründet durch ihre ursprüngliche Herkunft aus kargen Gebieten im Hochland Südamerikas. In der Haltung sind Lamas und Alpakas recht unkompliziert. Eine Vergesellschaftung mit anderen Tieren, insbesondere mit Schafen, ist möglich, wenn auch auf kleineren Flächen nicht ideal, da Neuweltkameliden ihre Weide im Gegensatz zu anderen Wiederkäuern frei von Kot und Urin halten. Sie legen sich Kotplätze an, die sie gezielt aufsuchen. Einmal durch Fäkalien verschmutztes Gras verschmähen sie dauerhaft. Auf unserer Weide mussten wir Stellen, die einmal als Kotplatz gedient hatten, über mehrere Jahre per Hand mähen. Selbst wenn sonst kaum ein Hälmchen mehr wuchs, gingen unsere Lamalpakas nicht an das saftige Grün dort. Schon deshalb gesellten wir keine anderen Tiere zu Harry und Socke, auch wenn Neuweltkameliden dafür bekannt sind, Hütefunktionen für andere Tierarten, insbesondere für Geflügel, zu übernehmen.

Die Weide mussten wir zunächst mit einem ausreichend hohen Weidezaun sichern, denn wenn Neuweltkameliden sich langweilen, finden sie immer einen Weg zu frischem Grün auf der anderen Zaunseite. Sie sind ausgesprochen clever. Unsere Beiden hinderte auch kein mobiler Stromzaun oberhalb des Drahtgeflechts am Ausbrechen. Mit ihrem dicken Fell am Hals drückten sie den Zaun so weit runter, dass sie bequem hinübersteigen oder- springen konnten. Mehr als einmal fanden sie dadurch den Weg in unseren Gemüsegarten und wollten nicht einmal nachts zurück in ihren Unterstand, obwohl Neuweltkameliden normalerweise sehr reviertreu sind.

Besonders viel Spaß hatte Socke, als er eines Tages unser Maisfeld entdeckte. Der Mais stand hoch und war schon fast erntereif, da entschied er sich für einen Streifzug durch die Pflanzen. Genüsslich schubberte er sich mal hier und mal dort und hinterließ auf kleinerster Fläche ein wahres Maislabyrinth, natürlich mit vielen abgeknickten Stängeln. Wir bemerkten das Treiben, konnten aber nicht so schnell einschreiten, wie er sichtlich vergnügt durch das Feld galoppierte. Monatelange Kultivierung unserer Maiskolben war damit dahin. Wir mussten sie noternten und verfüttern, da sie noch nicht reif waren. Na toll! Lange böse sein konnten wir Socke aber nicht, dafür war er mit seinen großen braunen Augen und seiner unvoreingenommenen Zutraulichkeit viel zu unwiderstehlich. Zurück auf seiner Weide kam er sofort angetrottet und beschnupperte uns freudig.

Ihre wetterfeste Schutzhütte hatten unsere Beiden in einer hohen, auf zwei Seiten offenen ehemaligen Traktorscheune. Tierschutzrechtlich gefordert sind mindestens zwei Meter Raumhöhe und zwei Quadratmetern Platz pro Tier. Also hatten die Zwei einen Luxusstall, den sie gerade an heißen Sommertagen und im Winter bei Schnee oft tagelang nur ungern verließen. „Was ist denn mit euren Lamas los, die kommen ja nie raus", wurden wir häufiger von Besuchern angesprochen, und auch bei uns hießen sie seitdem nur noch „Lazy Lamas". Wir akzeptierten es, denn wiederkäuend mit lang ausgestreckten Beinen konnten wir ihnen ihre Zufriedenheit ansehen, und zufriedene Tiere machen auch uns automatisch glücklich.

Auf Einstreu verzichteten wir. Anfangs dachten wir, ihnen damit etwas Gutes zu tun, mussten dann aber feststellen, dass sie tatsächlich lieber vor dem Strohbett lagen als darauf. Seitdem streuten wir Sand über den Betonboden. Harry und Socke liebten es, sich darin zu wälzen, und das dichte Fell blieb sauberer.

In ihrer täglichen Versorgung sind Neuweltkameliden wenig anspruchsvoll. Sie brauchen Heu, Gras, Wasser und dann und wann eine Handvoll spezieller Mineralien, die wir über das Heu streuten. Heu muss immer ausreichend zur Verfügung stehen, Kraftfutter dagegen brauchen Lamas und Alpakas nur in ganz wenigen Ausnahmefällen, zum Beispiel wenn Stuten tragend sind oder ein Fohlen säugen oder die Tiere aufgrund ihres Einsatzes auf (gewerblichen) Trekkingtouren einen außergewöhnlich hohen Energiebedarf haben. Getrocknetes Brot, Obst oder Gemüse sind zur Fütterung nicht geeignet, da Kameliden im Gegensatz zu Huftieren nur drei Mägen haben und die Inhaltsstoffe nicht umsetzen können. Entsprechende Zufütterung kann lebensgefährlich sein. Wir haben von so manchem Fall gehört, bei dem Lamas an gutgemeinten Brot- oder Obstfütterungen gestorben sind.

Unsere beiden Wallache stammten aus einem Therapiebetrieb für traumatisierte Kinder. Als wir sie kauften, waren sie bereits an Menschen gewöhnt und halterführig, was nicht selbstverständlich ist. Das Training von Neuweltkameliden ist nicht einfach. In den ersten etwa 12 Monaten dürfen Fohlen nicht verhätschelt, gestreichelt oder aus der Hand gefüttert werden, ansonsten passiert es häufig, dass sie den Menschen als Teil ihrer Herde ansehen und als erwachsene Tiere Probleme bereiten. Berserk-Male-Syndrom nennt man diese Fehlprägung. Das berüchtigte Anspucken, das im Normalfall nur untereinander stattfindet, ist da nur ein kleineres Problem. Hengste können Menschen schwer verletzen, wenn es um Futter geht oder wenn Stuten in der Nähe sind. Auch die

Stuten sind nicht ungefährlich, wenn der Mensch in Rangordnungskämpfe einbezogen wird. So mancher Halter hat schon ein böses Erwachen erlebt, wenn er sich vermeintlich sanfte Tiere gekauft hat, nach der Eingewöhnungszeit dann aber unangenehme oder sogar gefährliche Situationen erleben muss, die meist auch mit intensivem Training schwer oder gar nicht mehr zu verhindern sind. Als letzte Möglichkeit bleibt dann nur, die Tiere wieder abzugeben.

Wir hatten nach Tieren gesucht, bei denen wir als Anfänger dieses böse Erwachen nicht erleben würden. Wir entschieden uns außerdem bewusst für zwei Wallache, die bereits vorher zusammen gehalten worden waren und für Kreuzungstiere. Neuweltkameliden sind Distanz- und Fluchttiere, sie mögen nicht gern angefasst, gestreichelt oder geputzt werden, erst recht nicht am Kopf oder an den Beinen. Lamas wurden im Laufe der Domestikation über Jahrtausende als Transport- und Lastentiere genutzt, was eine intensivere Selektion auf Umgänglichkeit mit sich brachte. Sie sind von Natur aus meist weniger scheu als Alpakas, die vornehmlich als Wolllieferanten gezüchtet wurden und daher in der Regel nur losen Kontakt zu Menschen hatten. Lamas sind deutlich größer als Alpakas und benötigen entsprechend mehr Futter, Platz und Sicherheit im Umgang. In den Kreuzungen sahen wir einen gelungenen Mix zwischen Größe und Zutraulichkeit und tatsächlich war es auch so: Als Freizeittiere und laufende Rasenmäher passten sie mit ihrer Schulterhöhe von 110 und 100 Zentimetern und ihrem Gewicht von unter 100 Kilogramm perfekt auf die große Wiese direkt hinter unserem Hof.

Halftern ließen die Zwei sich von Anfang an problemlos, nachdem sie sich etwa zwei bis drei Wochen an uns und ihr neues Zuhause gewöhnt hatten. Nur mit dem Führen haperte es gewaltig. Wir hatten von Anfang an vor, dann und wann aus Spaß mit den beiden Wanderungen in die nähere Umgebung zu unternehmen. Harry, der vermeintlich Ranghöhere unter den beiden und damit das Leittier, hatte jedoch furchtbare Angst vor allem Unbekannten. Offenbar war das auch der Grund, warum er aus dem Therapiebetrieb abgegeben worden war. Sobald er mit einer Situation nicht zurechtkam und Stress verspürte, bewegte er sich sofort auf Socke zu und spuckte ihn an. Es gibt zwei Arten von Spucken: Den „Warnschuss" mit Spucke und einen mit übelriechendem, grünen Mageninhalt. Bereitet sich ein Tier auf Spucken vor, legt es zuerst die Ohren nach hinten an, reckt den Hals nach oben und sammelt hörbar gurgelnd ausreichend Speichel. Spätestens dann wird es für uns Menschen Zeit, einen gewissen Abstand zu gewinnen, um nicht vom meist nach oben gerichteten Spuckeregen getroffen werden. Der zweite Schuss mit teilverdauter Grünmasse geht meist direkt in Richtung Kopf des Rivalen. Äußerst unangenehm, wie einmal auch ein Pferd feststellen musste. In der Nachbarschaft gab es zwei Pferde, die regelmäßig auf dem Weg zu ihrer Weide an unserem Hof vorbeigeführt wurden. Socke war offenbar mit Pferden und Hunden aufgewachsen, er liebte beide Tierarten und galoppierte sofort neugierig zum Zaun, wenn er sie noch weit entfernt bemerkte. Harry folgte sogleich, er konnte Socke unmöglich allein irgendwohin laufen lassen, allerdings waren ihm die anderen Verbeiner nicht geheuer. Stets blieb er lieber im Hintergrund. An diesem Nachmittag aber traute er sich mit zu den Zaungästen. Pferde und Lamalpakas beschnupperten sich intensiv, bis es Harry unvermittelt zu unheimlich wurde und er einen kräftigen Stoß halbverdauten Mageninhalts direkt zwischen den Nüstern des Pferdes platzierte. Das arme Tier schüttelte immer wieder den Kopf, konnte die übelriechende Masse aber auf der Straße nicht loswerden. Richtig leid tat es uns, wie es erfolglos versuchte, den zugegebenermaßen wirklich widerlichen Geruch loszuwerden. Die Besitzerin half schließlich mit einem Taschentuch. Wir Menschen sind nie angespuckt worden. Es war ein sicheres Zeichen dafür, dass unsere Tiere richtig sozialisiert waren. Das Wissen half vielen ängstlichen Hofbesuchern, die sich aus der allgemeinen Meinung heraus, Neuweltkameliden würden immer und überall spucken, nicht in die Nähe der Weide trauten.

Bei ihrer Ankunft nach mehreren Stunden in einem Viehanhänger waren sie naturgemäß sehr aufgeregt und brauchten recht viel Zeit für die Eingewöhnung. Socke war von Anfang an deutlich entspannter als Harry. Er beobachtete das ängstliche Trippeln und teilweise Aufbäumen seines Artgenossen mit dem nötigen Abstand und ertrug stoisch dessen regelmäßige panische Spuckattacken. Dabei war er sehr solidarisch, blieb immer in Harrys Nähe und ließ sich von uns nur dann ohne Anzeichen von Unbehagen oder Stress über die Wiese führen, solange Harry in seiner Sichtweite blieb.

Da Harry so deutlichen Stress zeigte, ließen wir das Halftern und Führen für mehrere Wochen sein. Wir hatten wir uns inzwischen damit abgefunden, keine Wanderungen mit ihnen machen zu können. Gut, dann waren sie eben reine Weidetiere, die unsere Wiese kurz halten. Trotzdem beschäftigten wir uns weiter mit ihnen, suchten ihre Nähe und sprachen mit ihnen.. Und siehe da, mit Geduld, Ruhe und Leckerlis in Form von „Lammgold" beruhigte Harry sich im Laufe der Zeit. Nach und nach wurden wir „Freunde" und ein eingespieltes Team. Spaziergänge gingen problemlos.

Die „Lamalpakas" freuten sich sichtbar, allein schon wenn mein Mann und ich gemeinsam um die Ecke bogen. Es könnte dann ja losgehen mit einer Wanderung! Sie liefen auf uns zu, steckten ihre für Kameliden langen Nasenrücken freudig in die hingehaltenen Halfterschlaufen und begaben sich auf direktem Weg zum Tor. Natürlich waren sie mit ihrem Freudengalopp schneller als wir und blickten uns erwartungsvoll an, wann denn endlich das Türschloss zur Straße geöffnet wurde.

Unterwegs erinnerten sie uns oft an Hunde. Überall musste geschnuppert werden und besonders interessant waren Hundekothaufen und Pferdeäpfel. Socke lief vorweg, und damit fühlte sich Harry sichtlich wohl. Wir liefen immer in der gleichen Reihenfolge, das gab den Tieren mit ihrem angeborenen Fluchtinstinkt Sicherheit. Harry übernahm die Rolle des Schlusslichts mit der Aufgabe der „Herdensicherung" nach hinten. Immer wieder mal stoppte er und blickte über seine Schulter. Wir ließen ihn gewähren und hielten ebenfalls an, denn die Sicherheit aus diesem Kontrollblick mit der Feststellung, dass keine „Gefahr" von hinten drohte, übertrug sich direkt auf Socke. Auch ohne Blickkontakt spürt er den Gemütszustand seines in der kleinen Rangordnung höheren Artgenossen. War der entspannt, trottete Socke mit aufmerksamem Blick voran, immer neugierig, welche Überraschung sich hinter der nächsten Biegung befand. Und Kameliden sind sehr neugierig! Hunde und Weidevieh, wildlebende Tiere und Holzstapel, unsere Beiden fanden einfach alles unterwegs hochinteressant und spannend, auch wenn ihnen manche Begegnung nicht geheuer war. In diesen Situationen liefen sie dicht hinter uns und schnupperten auffällig an unseren Schultern und Haaren. Offenbar wollten sie feststellen, ob wir Stresshormone ausschütteten. Sie hatten gelernt und akzeptiert, dass wir sie „beschützten" und immer wieder sicher nach Hause führten. Und da wir auf gefällte Bäume, abgestellte Wasserwagen und Pfützen nicht mit Stress reagierten, wagten sich auch die Zwei bald wieder aus ihrer Deckung. Einzige Ausnahme waren dunkle Hohlwege und Dämmerung insgesamt. Neuweltkameliden sind tagaktive Tiere, die im Dunkeln relativ schlecht sehen. Sie brauchen mehr Licht für ihre Orientierung als wir Menschen, da ihnen die Sehkraftverstärkung bei schwachem Licht fehlt. Werden sie ins Dunkle geführt, weigern sie sich, weiterzugehen. Anfangs wussten wir das nicht und halfterten die Zwei im Winter an einem späten Nachmittag. Die Wanderung war schön, nur als wir bereits auf dem Rückweg durch ein paar hochgewachsene Sträucher rechts und links des Weges spazieren wollten, ging nichts mehr. Socke stockte und blieb einfach stehen. Alles Zureden, Locken, Ziehen und Zerren half nichts, er legte sich schließlich einfach hin, wo er war. „Feierabend, ich bleibe hier, alles andere ist mir zu gefährlich". Harry war irritiert und blieb ebenfalls wie angewurzelt stehen. Da stand unsere kleine Gruppe also: Zwei ratlose „Llameros" (so nannte man in Südamerika die Lamaführer) und zwei nicht weniger irritierte Tiere. Was nun? Mein Mann schlug vor, unseren Pferdeanhänger zu holen und die Zwei einzuladen, aber das konnte ich mir beim besten Willen nicht vorstellen. Allein mit zwei ängstlichen Lamalpakas auf einem Wirtschaftsweg bei zunehmender Dunkelheit zu warten, bis er den Hänger aus der Scheune geholt und an das Zugfahrzeug angekuppelt hätte, schien mir keine gute Idee zu sein. Es hätte sicher ziemlich lange gedauert und ob die Tiere später hineingegangen wären, war auch fraglich. Eine Möglichkeit hatten wir noch: Harry stand noch, und ich hinderte ihn mit extrem kurzem Führstrick daran, sich ebenfalls hinzulegen. Ich zog und zerrte ihn voran, wie er es noch nie bei mir erlebt hatte. Das fiel mir nicht leicht, es war ein erbitterter Machtkampf zwischen uns beiden, aber es war die einzig verbliebene Chance. Wir hofften, dass Socke aufstehen würde, wenn Harry sich von ihm entfernte und ihm folgen würde. Wie beim oft zitierten störrischen Esel gab ich mein Bestes, ihn Meter für Meter durch den Hohlweg zu zerren. Noch drei Tage später tat mir der Oberarm weh, aber es funktionierte. Je mehr Harry sich entfernte, desto unsicherer wurde Socke, und schließlich sprang er auf, um seinem Kumpel zu folgen. Alle Vier waren wir heilfroh, als wir endlich am Stall ankamen.

Nach diesem sehr einprägsamen Erlebnis bemühten wir uns, nicht zu spät loszugehen bzw. die Strecke so zu wählen, dass die Wege möglichst offen und hell waren. Seitdem hatten wir wunderbare, entspannende und naturnahe Spaziergänge und Wanderungen mit den Lamalpakas, die wir im Ausgleich zur Arbeit auf dem Hof nicht missen wollten.

Traditionell gehören auch Schweine auf einen Bauernhof, und im dritten Jahr zogen zwei Bunte-Bentheimer-Schweinchen bei uns ein. Schon im Rhein-Main-Gebiet hatten wir über Jahre Schweine in Freilandhaltung. Auf dem Hof allerdings brauchten wir erst einmal Zeit für wichtigere Instandsetzungen, bis wir uns um ein artgerechtes Zuhause für seltene Schweinerassen kümmern konnten. Schweine sind sehr intelligent, neugierig und kräftig, so dass ihr Stall gut gegen Ausbruchsversuche gesichert sein muss und den strengen behördlichen Auflagen genügt. Stabile (doppelte) Zäune und Gitter mussten dafür her, außerdem zogen wir unsere zentnerschwere Schrotmühle von ihrem früheren Standort in der Stadt um und ließen sie an den benötigten Starkstrom anschließen. Wir schleppten alte Steintröge für Wasser und Futter, bauten eine Schutzhütte und besorgten Stroh und loses Getreide von umliegenden Landwirten. Dann endlich war es so weit: Zwei Bunte-Bentheimer-Ferkel bezogen im zarten Alter von neun Wochen ihr Zuhause. Wir waren glücklich über den weiteren Schritt auf dem Weg zu unserer Nutztierarche. So hatten wir uns den Hofaufbau vorgestellt!

Wie alle unsere Schweine zuvor waren sie zunächst ängstlich und trauten sich nicht aus ihrer viel zu kleinen Transportbox. Sie fassten aber recht schnell Vertrauen, wurden von Woche zu Woche zutraulicher und verspielter. Glückliche Schweine strahlen, gerade wenn sie jung sind, soviel Fröhlichkeit und Gelassenheit aus!

Für uns ist es immer wieder unvorstellbar, wie viele Millionen Schweine ein so grauenvolles Dasein in der Massentierhaltung führen müssen. Unsere Ferkel tobten schon bald durch ihren Stall, spielten miteinander oder mit uns Fangen oder ließen sich in typischer Schweinemanier auf die Seite plumpsen, um uns ihre Bäuche für ausgiebige Krauleinheiten zu präsentieren. Wir genossen diese Unbeschwertheit und ließen uns gern von ihr einfangen. Viele Besucher kamen, und manchmal stellten wir sogar Stühle vor unseren Offenstall, um das Treiben in gemütlicher Runde zu beobachten. „Schweinegucken" wurde zu einem richtigen Event. Insbesondere Besucherkinder hatten großen Spaß und konnten sich nicht sattsehen.

Die Fütterung gestaltete sich nicht schwer, gerade bei unserem großen Garten. Die Grundlage bildete Getreideschrot, angereichert mit Erbsen oder Soja als pflanzliche Proteinquellen. Dazu kamen Gartenabfälle in Form von gejäteten Beikräutern, nicht mehr für den menschlichen Verzehr geeignetes Gemüse und vegetarische Küchenabfälle, Fallobst, gemulchter Grasschnitt und Heu. Viele Nachbarn und Bekannte unterstützten unsere Tierhaltung und brachten regelmäßig Futterspenden wie altes Brot oder Gemüseabfälle aus eigenen Beständen vorbei. Darüber freuten sich alle: Die Tiere über eine leckere Extraportion, die Spender über eine sinnvolle Verwertung ihrer Lebensmittel oder überschüssiger Gartenerträge und wir über die freundliche Teilhabe an unserem Projekt und die wertschätzende Kommunikation.

Leider sollten die Zwei unsere einzigen Schweine bleiben. Die Kosten für ihre Haltung und Schlachtung wuchsen uns im Laufe des Jahres über den Kopf. Der Ukrainekrieg hatte zu einer explosionsartigen Preissteigerung bei Getreide geführt und selbst das Schlachten wurde durch die erhöhten Energie- und Personalkosten des Metzgers so teuer, dass wir mit unserer artgerechten Aufzucht von nur zwei Sauen über ein Jahr im vierstelligen Kostenbereich lagen. Gleichzeitig hatten wir kein Sparpotential mehr: Für eigenen Getreideanbau fehlten uns Fläche und Möglichkeit. Einstreu und Heu bezogen wir in großen Rundballen direkt aus der Nachbarschaft und Futter akquirierten wir ohne Zukäufe. Wir mussten uns schweren Herzens eingestehen, was man immer wieder hört:

Schweinehaltung in kleinem Stil funktioniert heute einfach nicht mehr. Wir hielten unsere Bentheimer Schweine nicht aus kommerziellen Gründen. Wir wollten die Rasse erhalten, unseren Hof durch eine seltene Tierart bereichern, unsere großen Flächen sinnvoll nutzen und nicht zuletzt hatten wir eine Passion für diese wunderbaren Tiere. Aber es sollte nicht mehr sein. Zum Schluss, als unsere Mädels ohne jegliches Mastfutter über 100 Kilogramm auf den Rippen hatten, mussten wir dreimal in der Woche misten. Ab einem gewissen Alter und naturgemäß zum Winter hin wurde ihre Speckschicht immer dicker und sie immer träger. Nur noch sehr selten verließen sie ihren Koben. Als später auch die Futterbeschaffung immer schwieriger wurde, rückte der Metzgertermin näher. Die Entscheidung, unsere Tiere wegzubringen, wenn es soweit war, fiel uns schon immer schwer, schon in der Stadt, aber „Erhalten durch Aufessen" ist ein Teil des GEH-Konzepts. Es gibt die Bunten Bentheimer Schweine und andere seltenen Rassen nur noch, weil sie von einigen Idealisten und Tierparks gehalten werden. Brechen auch diese Inseln weg, werden sie ganz und gar verschwinden und damit einhergehend werden Biodiversität und wichtige Genressourcen immer weniger. Die Schweine hatten ein gutes, artgerechtes Leben bei uns, das hat uns getröstet, wenn sie ihre Weide verlassen mussten.

In einem 18 qm großen Gehege in der direkten Nähe zu den Lamalpakas und den Schweinen hielten wir unsere Kaninchen Lina, Klara und Karlchen. Schon in unserer Zeit im Rhein-Main-Gebiet hatten wir festgestellt, dass benachbarte Großtiere Marder, Fuchs und Habicht von unseren kleineren Tieren fernhielten. Damals kamen Gänse, Hühner und Kaninchen gänzlich ohne abgeschlossenen Stall aus, so gut haben die Schweine auf sie „aufgepasst".

Lina und Klara waren hübsch-hellbraune Deutsche Riesen, und sie waren wirklich groß. Als ich einmal ein Bild von ihnen auf Social Media gepostet hatte, kommentierte jemand postwendend, er hielt Klara für eine Ziege neben einem Kaninchen. Die beiden Großen wurden nämlich begleitet von Karlchen, einem verwitweten, kastrierten Kaninchenopa, den wir von Freunden übernommen hatten, damit er nicht allein war. Karlchen war ein graumeliertes Zwergkaninchen mit kurzen Öhrchen und einem runden Gesichtchen. Echtes Kindchenschema. Als meine Freundin umzog und ihn nicht mitnehmen konnte, fragte sie vorsichtig an, ob wir ihn aufnehmen würden.

„Komm", meinte sie mit dem Brustton der Überzeugung, „macht dem Karlchen doch noch ein paar schöne Wochen. Er ist schon so alt und kommt gar nicht mehr aus seinem Häuschen heraus. Er hat schon über zehn Jahre auf dem Buckel, und Kaninchen werden doch nur so etwa acht Jahre alt. Es wird nicht mehr lange gehen mit ihm." Also gut, bald zog Karlchen ins Gehege ein, zuerst in einen extra abgetrennten Bereich, damit er seine altersgerechte Ruhe bekam. Aber mitnichten wollte er vor den Häsinnen geschützt werden! Mutig verließ er seine gut gepolsterte Höhle im Stall, erkundete seine Umgebung, hoppelte bald den Zaun auf und ab und schnupperte nach den jungen Mädchen. „Ziemlich weit weg vom Exitus", sagte ich zu meinem Mann und wir beschlossen, die Drei zusammenzuführen. Was sollte schon passieren, schließlich war Karlchen ja kastriert und hatte Rückzugsmöglichleiten im Zwergkaninchenstall, in den die Riesinnen vermeintlich gar nicht reinpassten.

Und wieder überraschten uns alle: Bei der vorsichtigen Zusammenführung unter Beobachtung zeigte Karlchen trotz seines Methusalemalters direkt, wer der Chef im Stall war. Es jagte seine mindestens doppelt so großen Artgenossinnen, und die ließen sich von ihm auch tatsächlich beindrucken. Echte Kämpfe blieben zum Glück aus, schon am nächsten Tag waren alle Drei ein Herz und eine Seele und beschlossen, eine Kommune im winzigen Zwergkaninchenstall zu gründen. Am liebsten alle auf einmal streckten sie sich in den beiden Ebenen des klassischen Kleintierkäfigs aus, und alle waren sichtlich zufrieden. Karlchen verließ sein Holzhäuschen dauerhaft, quetschte sich einfach zwischen seine neuen Freundinnen und war kaum zu sehen zwischen massig-braunen Fellbergen.

Lina war leider kein langes Leben vergönnt. Etwa ein Jahr später lag sie eines Morgens einfach tot im Stall. Wir vermuten einen Herzinfarkt aufgrund einer plötzlichen Panik, hervorgerufen vielleicht durch ein umherstreifendes Tier. Sie hatte keinerlei Krankheitsanzeichen, und auch den anderen Beiden ging es vorher und hinterher gut.

Linas Tod führte dazu, dass Klara und Karlchen noch enger zusammen-rückten. Mit der Zeit sah Karlchen immer schlechter. Klara kümmerte sich rührend um ihn, zeigte ihm die Futterplätze im geräumigen Gehege und blieb sonst auffällig in seiner Nähe. Offenbar war sie auch an einer Familienvergrößerung interessiert, denn mehrfach baute sie ein Wurf-nest und riss sich sogar Fell aus, wie Häsinnen es kurz vor der Geburt ihrer Jungen tun, um das Nest weich zu polstern. Leider vergeblich, denn Karlchen war ja kein „echter" Bock mehr, auch wenn er seiner biologischen Bestimmung immer noch gern nachkam. Nackte Stellen auf Klaras Rücken waren ein gut sichtbares Zeichen dafür.

Besonders deutlich wurde die besondere Beziehung der Beiden, als Karl-chen sich eines Tages schwer verletzte. Wahrscheinlich wie Lina damals auch aus Panik und aufgrund seiner Sehschwäche lief er offenbar gegen eine Wand oder eine Tür. Die Folge war ein um 90-180 Grad verdrehter Kopf. Die Öhrchen lagen fast auf dem Boden auf, der Kiefer zeigte zur Decke und das fehlende Gleichgewicht führte dazu, dass er dauernd umkippte. Über Tage konnte der arme Kerl nur auf der rechten Seite liegen. Wir rechneten fest mit seinem Ableben und stellten schon ein entsprechendes Behältnis bereit. Aber er fraß weiter und schleppte sich auch zum Wassernapf. Klara lag über weite Teile des Tages dicht neben ihm, leckte ihm das Fell und harrte einfach aus. Und tatsächlich: Inner-halb von zwei, drei Wochen bog sich der Kopf langsam zurück und Karlchen fand zu alter Form zurück. Was für ein Kämpfer er war!

Und dann war da noch Tommy Rötröt, eine griechische Landschild-kröte. Rötröt ist schon über 20 Jahren bei uns, er ist ein Jahr älter als unser jüngster Sohn. Als die Schildkröte zu uns kam, konnte der Kleine noch nicht richtig sprechen, freute sich aber über die „Rötröte". Er durfte sich damals einen richtigen Namen für unser neues Haustier ausdenken, und so taufte er sie Tommy wie die Schildkröte aus „Bob der Baumeis-ter". Wir entschieden uns damals für ein Männchen, denn sie sind Ein-zelgänger, so dass die Haltung von nur einer Schildkröte unproblema-tisch und artgerecht ist. Tommy Rötröt ist etwas ganz Besonderes: Er liebt es, am Hals gekrault zu werden und läuft, sofern es die Temperatu-ren und damit sein Kreislauf zulassen, gern jedem Menschen hinterher, der an seinem Gehege vorbeikommt. Im Sommer wohnt er in einem gut gegen Katzen gesicherten Freigehege, den Winter verschläft er fast sechs Monate lang in einer mit Laub gefüllten Kiste im frostfreien Stall oder im Kühlschrank, wo die Temperaturen gleichmäßiger sind. Rötröt entscheidet selbst, wann er in den Winterschlaf geht, meist so im November. Einige Tage vorher hört er auf zu fressen und gräbt sich an einer weichen Stelle in die Erde. Dort lassen wir ihn zur Ruhe kommen, bis die ersten Bodenfröste drohen. Wir buddeln ihn vorsichtig aus und ziehen ihn in eine Kiste um. Droht auch Frost im Stall, wandert die Kiste in das Gemüsefach unseres Getränkekühlschranks. Zwar wird Rötröt dort recht regelmäßig vom „Klong" verschiedener Flaschen beschallt, es scheint ihn aber nicht zu beeinträchtigen. Im Frühjahr wecken wir ihn künstlich, indem wir die Kiste zunächst in einen etwas wärmeren Raum umziehen. Meist schon einen Tag später krabbelt unsere Schildkröte aus ihrem feuchten Blätterbett und guckt uns mit glänzenden Knopfaugen erwartungsvoll an.

Selbstversorgung ohne Stress

Selbstversorgung hört sich nach ganzjähriger Unabhängigkeit von (Super-)Märkten an. Kann es sein, muss es aber nicht. Für uns bedeutete Selbstversorgung schon vor dem Hofaufbau keineswegs, nicht mehr einzukaufen. Eher haben wir Schritt für Schritt einzelne Lebensmittel gegen Selbstproduziertes getauscht. Fruchtaufstriche und verschiedene Siruparten einzukochen, wenn es das Obst saisonal und regional im Überfluss gab, war eine der ersten Aktivitäten schon in der Stadt und mit vollgepacktem Alltag. Sehr schnell wollte keiner aus der Familie mehr auf den süßen Geruch natürlich ausgereifter Früchte und den einzigartigen Geschmack nach Sommer verzichten. Es folgten Kräuteröle, Pestos und Brotaufstriche. Nach und nach wurde es immer mehr, was direkt aus der Natur oder dem Garten seinen Weg auf unseren Tisch fand und dauerhaft nicht wieder durch industrielle Produkte ersetzt wurde. Wir pflückten Erdbeeren auf einem Feld, sammelten Brombeeren an wilden Hecken und im Herbst Maronen und Pilze in den umliegenden Wäldern.

Als nächster Meilenstein kamen die Eier unserer Wachteln auf den Tisch. Damals in unserem winzigen Garten waren die Vögel noch eher Haus- als Nutztiere. Das Gefühl, das erste Mal frische, gesunde Eier einer eigenen Schar vor sich zu haben, werde ich nicht vergessen. Es war ein kleiner Triumph, erstmals etwas Eigenes außerhalb von Obst und Gemüse vor sich zu haben.

Aber auch später, als wir auf dem Hof ausreichend Platz und Möglichkeiten für eine ganzjährige, komplette Selbstversorgung hatten, gingen wir regelmäßig einkaufen.

Als Lebenseinstellung und Hobby sollte es Sinn und Freude zugleich machen, was wir produzierten. Wir wollten uns nicht verbiegen oder auf etwas verzichten, was wir schlichtweg nicht herstellen konnten oder wollten. Schokolade, hochwertige Öle, Getreide, Ölsaaten und Mehl sind einige Beispiele dafür. Uns hätte einfach ein Stück Lebensqualität gefehlt, wenn wir versucht hätten, sämtliche Einkäufe zu vermeiden.

Da wir in der sehr glücklichen Lage waren, etwas selbst produzieren zu können, es aber aus wirtschaftlichen Gründen nicht zu müssen, haben wir uns über die Jahre eine entspannte innere Einstellung angeeignet. Das galt insbesondere dann, wenn unsere Selbstversorgung aufgrund widriger Bedingungen nicht so ausfiel wie erhofft. Nicht nur einmal zerstörten uns außergewöhnliche Einflüsse die komplette Ernte. Klar war das ärgerlich, aber mit einer zunehmend gelasseneren Grundeinstellung, die Ernte so zu nehmen, wie sie war, stressten uns erfrorene Obstblüten, von Schädlingen zerfressenes Gemüse oder durch Extremniederschläge beschädigte Pflanzen immer weniger. Gab es in einem Jahr von dem einen zu wenig, gab es an anderer Stelle und zu anderer Jahreszeit meist etwas im Überfluss. Wurmstichige Pflaumen und Kirschen oder vertrocknete, nahezu saftlose Holunderbeeren führten zu nicht mehr als einem Schulterzucken, wenn es auf der anderen Seite traumhaft süße Aprikosen oder eine besonders gute Apfelernte gab. Jedes Jahr hatten wir einen anderen Vorrat an Marmeladen, Säften und Vorräten, mit dem alle zufrieden waren, auch wenn die Lieblingsfrucht oder das Lieblingsgemüse vielleicht in dem Jahr nicht so häufig zu finden war. Die wenigen Gläser und/oder Flaschen wurden umso mehr genossen.

Generell bauten wir das an, was uns schmeckte und wofür die Anbaubedingungen und Lagermöglichkeiten stimmten. Schon im winzigen Reihenhausgarten und den Pachtgrundstücken hatten wir unter Beachtung der Bodenbeschaffenheit, Fruchtfolgen und geeigneter Pflanzennachbarschaften erstaunlich viel geerntet. Mit jeder Vergrößerung unserer Anbauflächen neigten wir allerdings dazu, den Platz bis zum letzten Eckchen nutzen zu wollen. Wir setzten zum Beispiel so viele Zucchinipflanzen, dass selbst Freunde und Bekannte irgendwann abgewinkten, als wir ihnen zum wiederholten Male keulenartige Exemplare anboten, die schneller gewachsen waren, als wir sie verarbeiten konnten. Auch daraus lernten wir und setzten auf dem Hof nur noch zwei bis maximal drei Pflanzen ins riesige Gemüsebeet.
Ebenso wenig Sinn sahen wir darin, Gemüsearten anzubauen, die wir nicht gerne essen. Viele Kohlsorten, die eine unabhängige Winterversorgung hätten gewährleisten können, schmecken Teilen unserer Familie

leider überhaupt nicht. So gut die Beetnachbarschaft von Kohlrabi und Co. für andere Pflanzen auch sein mag, Ressourcen und Arbeit stehen für uns in keinem Verhältnis zur Kultivierung, wenn die Ernte später nur ungern auf den Tisch kommt.

Neben Produkten aus unserem Obst- und Gemüsegarten stellen wir bis heute gern Grundnahrungsmittel wie Brot und Käse selbst her. Aber auch das braucht seine Zeit und muss passen. Fehlt uns diese Zeit, haben wir kein Problem, beim Bäcker oder an der Käsetheke für Abwechslung zu sorgen. Lange gereifte Käsesorten und herzhafte Sauerteigbrote mit hohem Vollkornanteil sind dann willkommene Alternativen, die uns gleichzeitig Stress ersparen.

Gerade bei der Käseherstellung sind wir mehrfach an die Grenzen unserer Möglichkeiten gekommen. Zur Reifung brauchen die Laibe recht kühle Temperaturen bei gleichzeitig hoher Luftfeuchtigkeit. Je länger ein Käse reift, desto geschmacksintensiver und qualitativ hochwertiger wird er. Mehrere Wochen, Monate und teils sogar Jahre sind nichts Ungewöhnliches. Immer wieder habe ich im heimischen Keller versucht, möglichst ideale Reifebedingungen nachzustellen, habe aber zu oft Misserfolge erlebt. Der Käse wurde entweder sauer, entwickelte keine gute Rinde oder setzte sogar Schimmel an. Da man Käse in seiner Reifezeit immer mal wieder „betreuen" muss, indem man ihn zum Beispiel abreibt und wendet, haben wir für uns inzwischen entschieden, nur jungen, an Feta erinnernden Frischkäse zu produzieren. Wir sparen uns Zeit und mögliche Enttäuschungen über unbefriedigende Endprodukte und erfreuen uns an dem, was gelingt.

Selbstversorgung macht zufrieden – sofern man sich selbst nicht zu sehr unter Druck setzt!

Permakultur und Ressourcenschonung

Nachhaltigkeit und Klimaschutz sind uns ebenfalls schon seit vielen Jahren sehr wichtig. Wir ernähren uns saisonal und vor allem regional. Viele aus weiter Entfernung eingeflogene Produkte haben wir schon lange durch einheimische ersetzt. Sogenannte „Superfoods" wie zum Beispiel Quinoa oder Chiasamen haben wir gegen Hirse oder Leinsamen getauscht, die sehr ähnliche ernährungsphysiologische Eigenschaften haben. Statt Cashewkernen, die oft um die halbe Welt transportiert werden, um in lohngünstigen Ländern einzeln und meist unter gesundheits- und umweltschädlichen Bedingungen aus ihren harten Schalen am Ende des Cashew-Apfels gelöst zu werden, gibt es bei uns Hasel- und Walnüsse aus der Umgebung. Wir verzichten gern auf Obst und Gemüse, das wenig ressourcenschonend und unter klimaschädlichen Bedingungen massenhaft produziert wurde und oftmals nicht mal besonders aromatisch ist, weil es viel zu früh geerntet wurde und künstlich nachgereift ist.

Auf unserem Hof haben wir versucht, möglichst viele Prinzipien der Permakultur umzusetzen. Das Konzept Permakultur wurde in den 1970er Jahren von den Australiern Bill Mollison und David Holmgren entwickelt und bezeichnet ursprünglich ein nachhaltiges Konzept für Landwirtschaft und Gartenbau, das darauf basiert, Ökosysteme und Kreisläufe in der Natur genau zu beobachten und nachzuahmen. Mittlerweile hat sich die Philosophie der Permakultur weiterentwickelt zu einem ganzheitlichen Gestaltungskonzept mit dem Ziel, naturnahe, sich selbst regulierende Systeme nach dem Vorbild natürlicher Ökosysteme zu schaffen.
Schlichter formuliert: Man gärtnert nach dem Vorbild der Natur.
Schon lange hatten wir uns mit dem Thema beschäftigt und dadurch einen anderen Blick auf unseren Garten bekommen. Wir lernten, warum es wichtig ist, eine gewisse „Unordnung" auf den Flächen zuzulassen, nicht immer nur in Monokulturen zu pflanzen, welche große Rolle das Mikroklima im Boden spielt, dass jedes Lebewesen irgendeine Funktion

im ökologischen Gesamtsystem hat und vor allem, dass man viele natürliche Elemente im natürlichen Kreislauf belassen oder dorthin zurück geben kann.

Ein simples Beispiel für einen solchen Kreislauf auf unserem Hof war der Umgang mit unseren Wiesenstücken. Das Gras ließen wir an geeigneten Stellen mit all seinen unterschiedlichen Wiesenkräutern wachsen, bis es blühte und Nahrung für nektarliebende Insekten hergab. Bei geeigneter Witterung mähten wir es nach der Blüte partiell und ließen es zu Heu trocknen, das wir nach und nach an unsere Tiere verfütterten. Die Lamalpakas suchten sich meist nur die zartesten Hälmchen heraus, festere Bestandteile blieben in der Futterbox oder landeten auf dem Boden. Da es sehr reinliche Tiere sind, die ihren Fressplatz nicht beschmutzen, kehrten wir überschüssiges Heu zusammen und verwendeten es als Einstreu in unseren Geflügel- und Kaninchenställen. Durch deren Exkremente wurde das Heu zu Mist und landete auf unserem Misthaufen. Frischer Mist ist sehr scharf, so dass er abgelagert werden musste, nach einem Jahr aber zu hervorragendem Dünger für unsere Beete wurde. Je nach Nährstoffbedarf der Bepflanzung brachten wir ihn zusammen mit Kompost aus und profitierten so uneingeschränkt vom natürlichen Kreislauf.

Kompostierung war der zweite Pfeiler in unserem Permakulturgarten. In der Küche standen stets zwei Schüsseln, in denen wir unsere biologischen Abfälle sammelten: Eine für die Hühner und eine für den Kompost. Die Hühner bekamen die Speisereste. Mit dem Inhalt der Kompostschale (Strünke, Schalen, Kaffeesatz) sowie mit beinahe allen Materialien, die in unserem Garten so anfielen, „fütterten" wir sommers wie winters mehrere Kompostsilos. Unzählige Würmer, Küchenschaben und andere Kleinlebewesen schienen regelrecht auf den Nachschub zu warten und verwandelten ihn je nach Jahreszeit mehr oder weniger schnell in wertvollen organischen Dünger. Ohne die Kleinlebewesen funktioniert die Umwandlung von Bioabfällen in Kompost nicht oder nur sehr langsam. Wenn sie sich aber einmal in der Miete angesiedelt haben, leisten sie zuverlässig ihre gute Arbeit. Aus diesem Grund zogen wir, als wir die ersten Kompostsilos auf dem Hof aufstellten, unsere wertvollen, krabbelnden Helferlein in mehreren Eimern aus der Stadt gleich mit um aufs Land.

Es gab noch andere, teilweise überraschende Möglichkeiten für die Verwertung organischer Substanz, die wir nach und nach in unseren Permakulturgarten übernahmen: Tierhaare zum Beispiel sind ein hervorragender biologischer Langzeitdünger und lassen sich gut zur Bodenverbesserung einsetzen. Schafswolle enthält unter anderem Stickstoff (etwa 12%), Phosphor, Kalium und Schwefel und beinhaltet somit viele Nährstoffe, die Pflanzen zum schnellen und gesunden Wachstum benötigen. Gleichzeitig ist sie ein guter Wasserspeicher. Eingearbeitet in den Boden nimmt sie größere Mengen Wasser auf, das bei Trockenheit wieder an die Pflanzen abgegeben wird. Schafswolle unterstützt also auch langfristig die Bodenverbesserung, gerade bei schweren und lehmigen Böden. Zum Düngen und zur Bodenverbesserung haben wir sie ungewaschen in Faserbündeln nach und nach eingearbeitet bzw. bei Neubepflanzung von Töpfen oder Kübeln zuerst hineingegeben. Anfangs nutzten wir die Wolle unserer Soay-Schafe, die wir in der Stadt über Jahre gehalten hatten, später verschmutzte Vliesteile unserer Lamalpakas. Einmal jährlich müssen Neuweltkameliden geschoren werden und nicht alle Teile des Fells eigneten sich zum Verspinnen. Zottelige und verschmutzte Stellen, insbesondere von den Beinen und der Afterregion, haben wir für unsere Pflanzen behalten, den Rest verschenkt.

Irgendwann wurde ich auf das Thema Aquaponik aufmerksam. In einem dreitägigen Workshop lernte ich viel über den Kreislauf zwischen Fischen, Bakterien und Pflanzen. Die Fische produzieren mit ihren Exkrementen Harnstoff und Ammonium, das von Bakterien in einem Filter in Nitrit und Nitrat umgewandelt wird. Das gefilterte Wasser wird anschließend in Pflanzenbehältnisse (sogenannte Growbeds) geleitet, die mit erdfreiem Substrat (Kies oder Blähton) gefüllt sind oder auf denen sich schwimmende Platten mit (Gemüse-)Pflanzen befinden. Die Wurzeln dieser Pflanzen holen sich die nötigen Nährstoffe aus dem Wasser, sollen durch die gute Versorgung kräftig wachsen und schaffen im Idealfall frisches Wasser, das zurück in den Fischtank fließt.

Der Ansatz gefiel mir, denn er ist theoretisch ausgesprochen ressourcenschonend: Über das Fischfutter gelangen täglich Nährstoffe in den Kreislauf, von denen sich die Pflanzen nehmen, was sie brauchen. Die Pflanzkultur ist einfach und auf engem Raum möglich und Wasser muss nur in begrenztem Maß zugegeben oder ausgetauscht werden.

Mehrere Jahre habe ich mit Aquaponik experimentiert. In einem IBC-Container mit 1000 Litern Fassungsvermögen züchtete ich Tilapias (Nilbuntbarsche). Es sind schnellwüchsige Speisefische, die bis 50 cm groß und vier Kilogramm schwer werden können. Sie sind sehr fortpflanzungsfreudig, brauchen jedoch eine Wassertemperatur von 24-33 Grad Celsius. Unter 20°C sterben sie, so dass in unseren Breitengraden keine Ganzjahreshaltung im Freien möglich ist. Meine Elterntiere überwinterte ich in einem großen Aquarium im Haus.

Das Wasser aus ihrem Tank lief zunächst durch einen leistungsstarken Teichfilter und wurde dann in große Kunststoffwannen geleitet, in denen Pflanzplatten aus Styropor mit kleinen Öffnungen schwammen. In diese Öffnungen setzte ich junge Basilikum- und andere Kräuterpflanzen. In regelmäßigen Abständen wurde das Pflanzbett mit Wasser aus dem Filter geflutet, so dass jedes Mal neue Nährstoffe an die Pflanzen gelangten.

Leider musste ich feststellen, dass das System extrem störanfällig war. Insbesondere die Basilikumpflanzen bekamen recht schnell gelbe Blätter, weil unter anderem zu viel Nitrit und Nitrat im Wasser waren, also eine Überdüngung stattgefunden hatte. Andere Mineralien, und dabei ist insbesondere Eisen zu nennen, fehlten. Eisen aus dem Fischfutter brauchen die Fische selbst für ihren Stoffwechsel und geben ihn - wenn überhaupt - nur in geringen Mengen wieder ab. Es muss den Pflanzen separat zugeführt werden, was eine ständige und intensive Kontrolle der Wasserqualität voraussetzt. Ein ausgewogenes Verhältnis der chemischen Stoffe ist insbesondere in kleinen Anlagen und ohne automatische Messungen sehr schwer zu halten. Das gilt auch für den pH-Wert. Fische und Bakterien bevorzugen ein eher basisches Milieu mit einem pH-Wert von 6,2 bis 6,8, Pflanzen dagegen gedeihen besser bei einem pH-Wert von 5 bis 6, also einem etwas säuerlicherem Milieu. Mehrfach kippte mein Aquaponik-System, gerade wenn im Sommer die Wassertemperatur deutlich anstieg. Den Tilapias machte ein besonders eutrophes Wasser nicht viel aus. Es sind sehr robuste Fische, die in kommerziellen Fischfarmen gerade in Asien aufgrund ihrer Anspruchslosigkeit und Schnellwüchsigkeit unter teils miserablen Bedingungen gehalten und als günstiger Speisefisch nach Europa exportiert werden. Die Pflanzen jedoch gingen mehrfach ein oder waren in einem Zustand, in dem wir sie nicht essen wollten. Hinzu kam, dass ein funktionierendes Aquaponik-System viel Energie braucht. Die Pumpen müssen betrieben werden, das Fischbecken beheizt und größere Teile des Jahres müssen auch die Pflanzen beleuchtet werden, da die Tageslichtmenge in unseren Breitengraden nicht ausreicht.

All das habe ich ins Verhältnis zum Ertrag gesetzt und schon vor dem Beginn der Energiekrise die Notbremse gezogen. Meiner Ansicht nach macht es nur im großen Stil Sinn, Aquaponik zu betreiben. Man braucht Anlagen mit automatisierter Wasserkontrolle, am besten unter Ausnutzung bereits vorhandener Energieressourcen wie zum Beispiel ungenutztem Solarstrom oder Wärmeüberschuss aus industriellen Prozessen. Und auch dort sind sie mit finanziellem Risiko verbunden. Eine Behandlung von kranken Fischen ist nur bedingt möglich ohne Konsequenzen für das System. Stirbt ein Fisch, sterben häufig alle, weil die Parameter in großem Maße nicht stimmen. Auf meinem Workshop zum Thema traf ich einen Investor, der eine komplette Halle mit einem automatisierten Aquaponiksystem ausgestattet hatte und dem in einer einzigen Nacht sämtliche Fische gestorben waren. Offenbar hatte auch dort etwas mit der Wasserqualität nicht gestimmt, allerdings konnte er sich nicht erklären, was falsch gelaufen war.

Im Zusammenhang mit unseren Fischen stießen wir eines Tages auf einen weiteren Tipp zum Einsatz organischen Materials im Garten. Mit Verwunderung lasen wir, dass Tomatenpflanzen hervorragend wachsen sollen, wenn nach einer alten indianischen Düngemethode beim Pflanzen tote Süßwasserfische oder ungekochte Fischabfälle mit eingegraben werden. Wichtig sei es, dass der Fisch etwa 10 Zentimeter unter den

Wurzeln platziert wird. So sei er bereits verrottet, wenn die Wurzeln ihn erreichten. Natürlich haben wir es ausprobiert. Mehrere Tomatenpflanzen der gleichen Herkunft pflanzten wir parallel, einige mit und einige ohne vergrabenen Fisch. Unterschiede in Wuchskraft oder Ertrag konnten wir allerdings nicht feststellen. Naja, wir haben es probiert, wie so vieles aus der Thematik der Permakultur.

Lebensmittelverschwendung gab und gibt es bei uns nicht. Über die Jahre haben wir Rezepte und Ideen entwickelt, genau das zu verwerten, was Beete und Kühlschrank in dem Moment hergeben. Meist wird spontan entschieden, was gekocht wird. „Was gibt's denn heute?" ist schon seit Jahren eine typische Frage am Frühstückstisch. Einen Fundus von haltbaren Grundnahrungsmitteln wie Reis oder Nudeln haben wir immer vorrätig, was wir daraus machen, sagen uns Jahreszeit, gerade vorhandene frische Lebensmittel und ein Gang durch den Garten. Spaßeshalber haben wir mal eine Zutatentabelle erstellt, wonach sich dauerhaft etwa 120 Zutaten in unserem Küchenvorrat befinden. Damit können wir alles kochen, backen und auch spontan etwas für Besucher auf den Tisch stellen. Es macht uns Spaß und garantiert Abwechslung, aus dem Vorhandenen etwas zu zaubern oder Reste in eine neue Mahlzeit zu verwandeln.

Und war doch mal etwas altbacken oder nicht mehr so appetitlich, freuten sich unsere Tiere. In den Jahren auf unserem Hof profitierten sie sogar von Resten aus der Nachbarschaft. Regelmäßig bekamen wir Futterspenden, und oft war es beeindruckend, welche Wege einige Dorfbewohner auf sich nahmen, um ein paar Gemüseabfälle, Fallobst oder sonstige Abfälle, die zu schade für die Tonne waren, bei uns abzugeben. Sehr regelmäßig standen Eimer, Tüten oder Kartons vor der Tür und direkte Nachbarn fütterten unsere Hühner teils selbständig. Sogar noch dampfender Treber des örtlichen Bierbrauers fand so den Weg zu uns und war eine höchst willkommene Bereicherung der Futterpalette für die Schweine und Hühner.

Gelebte Nachhaltigkeit!

Endlich starten im Garten

Im Prinzip lebten wir auf dem Hof das Leben weiter, das wir schon mit unseren Tieren und den gepachteten Grundstücken im Rhein-Main-Gebiet begonnen hatten, nur eben alles etwas größer. Wir waren nicht die unbeholfenen Städter, die sich plötzlich für ein Leben auf dem Lande entschieden hatten und mehr oder weniger ahnungslos agierten. Wir wussten bereits aus Erfolg und Misserfolg vieler Jahre, wann welche Arbeitsschritte zu erledigen waren und was für eine artgerechte, gesunde Tierhaltung nötig war. Und auch wenn wir von der Dorfbevölkerung weiterhin mehr oder minder skeptisch bei unseren Tätigkeiten beobachtet wurden, legten wir los, wie wir es kannten. Ein eingespieltes Team, das anpacken konnte. Manchmal arbeiteten wir in den neuen Dimensionen definitiv langsamer und kräftezehrender als nötig, da uns Spezialgeräte und Maschinen fehlten, aber immer bekamen wir das hin, was wir uns vorgenommen hatten. Je unkonventioneller wir vorgingen, desto stolzer waren wir auf das Ergebnis!

Besonders intensiv beschäftigten wir uns mit unseren Böden. Wir achteten darauf, den Aufbau mit seinen verschiedenen Schichten nicht durcheinanderzubringen, sondern ihn zu hüten und zu pflegen wie man auch seine Tiere pflegt: Ausreichend mit Wasser und Nährstoffen versorgen, vor Wind und Wetter schützen, ihn beobachten.
Seitdem wir uns das perfekte Gefüge aus Mikroorganismen, Kleinlebewesen und organischem Material verinnerlicht hatten, lockerten und lüfteten wir unseren Boden nur noch, brachten oberflächlich Kompost und Sand gegen die Verdichtung sowie verrotteten Mist als Nährstofflieferanten auf, säten regelmäßig Gründüngung ein und ließen die Erde so gut wie nie unbedeckt. Gemulcht wurde mit gehäckseltem altem Heu und Stroh, das wir auf unseren Heuböden gefunden hatten und das so staubig war, dass es nicht mehr als Einstreu für unsere Tiere geeignet war. Gehäckselt lässt sich Mulchmaterial gleichmäßiger verteilen, verrottet rascher und gibt schneller seine Nährstoffe ab. Auf den Beeten bekamen die unglaublichen Mengen, die wir übernommen hatten, eine pas-

sende Bestimmung im Sinne der Permakultur. Beim Mulchen achteten wir außerdem darauf, keine Äste und Blätter von stark gerbsäurehaltigen Sträuchern und Bäumen wie zum Beispiel der Walnuss zu nehmen. So eine Schicht hätte – ebenso wie industriell produzierter Rindenmulch – eher geschadet, denn die Gerbsäure verhindert neues Wachstum. Im ersten Jahr hatten wir den Boden um unsere frisch gepflanzte Eibischhecke dekorativ mit gekauftem Rindenmulch abgedeckt und uns am Ende des zweiten Sommers gewundert, warum die so gut „geschützten" Pflanzen spärlich bis gar nicht gewachsen waren. Wir kannten die wachstumshemmende Eigenschaft des Mulchs damals einfach noch nicht und dachten sogar, wir würden unseren Jungpflanzen mit einer besonders dicken Schicht etwas Gutes tun. Ein weiterer Gärtner-Irrtum unserer Anfangszeit. Man lernt eben immer dazu.

Auf unserem neuen Ackerstreifen pflanzten wir nach dem Mehrfelderprinzip, das heißt, wir nahmen Rücksicht auf den Nährstoffbedarf der Pflanzen. Bekanntlich gibt es ja unter den Kulturpflanzen Starkzehrer, Mittel- und Schwachzehrer. Ein Teilstück wurde im ersten Jahr mit Starkzehrern wie Kartoffeln, Kohl, Gurken, Lauch oder Sellerie bepflanzt, die Mittelzehrer wie beispielsweise Rote Bete, Zwiebeln oder Möhren folgten im nächsten Jahr, danach die Schwachzehrer wie Bohnen, Erbsen, Spinat, Feld- und andere Salate. Im Idealfall sollte sich der Boden im vierten Jahr ohne Kulturpflanzen regenerieren, diesen Schritt ersetzten wir aber durch eine saisonale Gründüngung über Herbst und Winter (zum Beispiel mit Spinat) und durch eine höhere organische Düngergabe. Der Platz auf unserem Ackerstreifen war uns trotz der Gesamtgröße einfach zu schade, ihn ein Jahr nahezu ungenutzt zu lassen. Diesbezüglich dachten wir zugegebenermaßen nach wie vor in Dimensionen des Stadtgartens, den wir über so viele Jahre gewohnt waren.

Innerhalb der Felder pflanzten wir in Mischkultur, das erhöhte die Widerstandskraft der Pflanzen, machte sie weniger anfällig für Krankheiten. Die flachwurzelnde Zwiebel zum Beispiel macht der tiefwurzelnden Möhre keine Konkurrenz, die Möhre jedoch vertreibt die Zwiebelfliege und die Zwiebel die Möhrenfliege. Ein perfektes Team!

Daneben legten wir die Pflanzreihen so fest, dass über das Jahr möglichst wenig Boden ungenutzt blieb. Grundlage dafür war ein Anbauplan, den im zeitigen Frühjahr entwarfen. Durch gezieltes Neben- und Nacheinander der Kulturpflanzen haben wir den Platz optimal genutzt. Mischkulturen, Beetnachbarschaften und Fruchtfolgen sind große Themenkomplexe, die hier den Rahmen sprengen würden, dazu gibt es unzählige Fachliteratur und Tabellen, die einen schnellen Überblick ermöglichen.

Für unseren Ackerstreifen überlegten wir uns, was wir gerne essen und schauten, wo es am besten passte. Pflanzen, die den ganzen Sommer über auf dem Beet blieben (z.B. Stangenbohnen oder Kartoffeln) und bei denen höchstens eine Vorfrucht bis spätestens Mitte Mai möglich war, trugen wir zuerst in unseren Anbauplan ein. Drumherum verschoben wir Gemüsearten, die den Platz früher oder später im Jahr beanspruchten (z.B. Erbsen, Saubohnen, Rettich) und solche mit kurzer Vegetationszeit (z.B. Salate, Möhren, Radieschen). Gleichzeitig fingen wir an, Tierfutter in Form von zum Beispiel Futterrüben anzubauen. Die Selbstversorgung sollte ja nicht nur für uns, sondern auch ein Stück weit für unsere Tiere gelten. Anfangs war das wie ein Puzzle, wir verschoben die einzelnen Gemüsearten so lange, bis Nährstoffbedarf und Beetnachbarschaften für unser Lieblingsgemüse am besten passten. Erbsen und Bohnen zum Beispiel „mögen" sich nicht, sie müssen also möglichst weit voneinander entfernt gesetzt werden. Radieschen und Gurken harmonieren ebenfalls nicht, so dass es unglücklich wäre, auf einem Beet als Frühsaat Radieschen zu setzen, das später für Gurken vorgesehen ist. Ebenso verhält es sich mit Tomaten und Gurken. Selbst wenn beide mediterrane Bedingungen lieben, wachsen sie in direkter Nachbarschaft nicht gut. Also bekamen unsere Tomatenpflanzen das geräumige Gewächshaus für sich und ihre bevorzugten Nachbarn wie Neuseeländer Spinat, Basilikum und Dill. Schlangengurken pflanzten wir in Kübeln auf einem überdachten Balkon an, Einlegegurken auf dem Ackerstreifen weiter entfernt von Kartoffeln und Zucchini.

Als sich die Pflanzenfolge etabliert hatte, wurde sie immer selbstverständlicher. Wir nahmen uns den Plan des vergangenen Jahres und verschoben die Bepflanzung rotierend. Wichtig war wie so oft im Leben nur, dass wir konsequent in der Umsetzung blieben. Manchmal fiel es uns schwer, wenn zum Beispiel eine Gemüseart nicht so wuchs, wie wir es uns gewünscht hatten oder wenn an einer Stelle noch Pflanzen des vergangenen Jahres standen. Oft ließen wir dann fünfe gerade sein und der Natur ihren Lauf.

Da war sie wieder, die Gelassenheit beim Permakultur-Gärtnern.

Unser Traumhof im August 2019

Schon lange waren wir ein gut eingespieltes Team

Der Garten war verwildert und das Zuhause vieler heimischer Wildtiere

Rückbau der alten Mistkaute zu einem Magerbeetbereich

Überall auf dem Hof fanden wir Relikte früherer Zeiten

Viele seltene Tiere fanden ein Zuhause bei uns in speziellen Habitaten

Eine unserer Hennen mit ihren Winterküken

Wildbienen schwärmen ein

Viele Tierkinder wurden auf dem Hof geboren

„Lazy Lamas": Socke (vorne) und Harry

Mischkulturpflanzung auf unserem Ackerstreifen

Schritt für Schritt bauten wir unsere Selbstversorgung weiter aus

Bodenlockerung und Kompostherstellung bei der Permakultur

Der Hof erwacht zu neuem Leben

Für erste Freilandarbeiten orientierten wir uns gern an Forsythien. Je nach Witterung zeigen sie ihre strahlend gelbe Blütenpracht, die aber leider weder Pollen noch Nektar für hungrige Insekten enthält, zwischen März und April. Wenn die Forsythien blühen, ist der Boden im Allgemeinen so weit erwärmt, dass mit der Bodenvorbereitung begonnen werden kann. Wir räumten den letzten Rest Mulch zur Seite und bereiteten die Beete schonend auf neue Pflanzungen vor. Wo nötig lockerten wir den Boden noch einmal und entfernten Grassoden und ungewollte Beikräuter. Feinkrümelig wird ein Boden ja leider nicht von heute auf morgen. Es braucht Jahre, viel Handarbeit und Schweiß, bis ein neu angelegtes Beet eine Krume hat, die so locker und fein ist, dass man sofort mit dem Einsäen oder Pflanzen beginnen kann. Wir haben den Zustand eines perfekten Bodens leider nie erreicht. Bodenlockerungen gehörten keinesfalls zu unseren Lieblingsaufgaben, aber ohne ging es überhaupt nicht. Also sahen wir es als Sporteinheit, motivierten und lobten uns gegenseitig und waren zufrieden, wenn wieder ein Stück geschafft war.

Im Freiland kamen zuerst die Gemüsesaaten in den Boden, die auch bei geringen Temperaturen und noch wenig Licht keimten: Dicke Bohnen, auch Sau- oder Puffbohnen genannt, setzten wir als erstes. Samen und Jungpflanzen vertragen kühle Temperaturen und sogar leichten Frost. Bei Saubohnen ist eine frühe Aussaat vorteilhaft, da die Pflanzen generell anfällig für einen Befall mit schwarzen Blattläusen sind. Sät man ab etwa Ende Februar, Anfang März aus, können sich die Blüten entwickeln, bevor hohe Temperaturen die Schädlingsentwicklung fördern. Ist die Blüte durch, ist ein Befall für die kräftigen Pflanzen kein großes Problem mehr.

Den Saubohnen folgten Radieschen, Spinat, Pastinaken und Möhren. Möhrensamen ließen wir im Haus in feuchtem Sand vorkeimen. Die Keimung verläuft zügiger und gleichmäßiger, ein Entwicklungsvorsprung, der bei Frühmöhren bis zur Ernte erhalten bleibt. Vermischt mit

Sand lässt sich das Saatgut zudem dünner aussäen, man muss später weniger vereinzeln. Für die Vorkeimung mischten wir einen halben Teelöffel Samen mit zehn Teelöffeln Spielsand in einem flachen Glas mit Schraubverschluss und besprühten die Mischung mit Wasser aus einer Sprühflasche. Dann lagerten wir das verschlossene Glas bei Zimmertemperatur. Nach zwei Tagen säten wir in zwei Zentimeter tiefe Saatrinnen in das vorbereitete Gemüsebeet aus. Auch Möhren profitieren von einer frühen Aussaat. Bei ihnen ist die Möhrenfliege besonders schädlich, denn sie legt ihre Eier an der jungen Wurzel ab. Die ausgeschlüpften Larven bohren Gänge in die Möhren und können sie – wie wir leider auch immer wieder erfahren mussten – fast komplett zerfressen, was man der Karotte vor der Ernte nicht unbedingt ansieht. Durch eine frühe Aussaat (am besten zusammen mit Zwiebeln oder Lauch) kann man die Flugzeit der Möhrenfliege umgehen und sie an der Eiablage auf der Jungpflanze hindern.

Kartoffeln kamen ebenfalls relativ früh in den Boden. Die Mutterknollen ließen wir etwa ab März in Kisten oder Eierkartons vorkeimen und pflanzten sie, sobald die Keime kräftig ausgebildet waren und die Bodentemperatur draußen mindestens sieben Grad betrug. Wir setzten sie in Reihen mit einem Abstand von ca. 50 Zentimetern, denn das Kartoffelkraut braucht Platz, sonst bleiben die Knollen klein. Zwischen den Reihen ließen wir ebenfalls Raum von etwa 50-70 Zentimetern. Das erleichterte das spätere wichtige Hacken und eventuelles Anhäufeln.
Im ersten Jahr hatten wir die Kartoffeln auf unserem Ackerstreifen zu dicht gesetzt. Wir waren es noch zu sehr gewohnt, mit wenig Platz auszukommen. Das zu dichte Setzen war fatal, denn im Laufe des Sommers wuchsen enorm viele Wildpflanzen zwischen den Kartoffelpflanzen, die wir nicht jäten konnten, ohne das Kraut zu verletzen. Die Ernte fiel entsprechend klein aus. Im nächsten Frühjahr waren wir schlauer und ließen genug Platz zum Jäten.

Im Haus zogen wir etwa ab Ende Februar unsere Süßkartoffelpflanzen vor. Über den Sommer entwickeln sie viel Blattwerk und blühen manchmal sogar hübsch lavendelfarben, lila bis hellpurpur oder rötlichweiß. Die Eigenanzucht mittels Stecklingen ist erheblich günstiger als der Kauf vorgezogener Pflanzen.

Zur Stecklingsgewinnung kauften wir im Handel Bio-Süßkartoffeln, die von der Sorte passten und nicht mit einem Keimschutz behandelt waren. Laut einer Untersuchung der Hochschule Weihenstephan-Triesdorf aus dem Jahr 2014 eignen sich die Sorten Beauregard, Bonita, Evangelina, Murasaki und Covington für einen Freilandanbau in unseren Breitengraden. Wir schnitten die Knollen horizontal in der Mitte durch und setzten die Hälften mit Hilfe von Schaschlikspießen auf mit Wasser randvoll gefüllte Einmachgläser. Schon nach einigen Tagen bildeten die Kartoffeln Wurzeln aus, die nach und nach das Glas durchzogen. Etwas später entwickelten sich an den „Augen" der Knolle neue Triebe. Ende April, Anfang Mai trennten wir die Stecklinge ab und ließen sie in einem Glas eigene Wurzeln ziehen. Dieser scheinbar umständliche Weg der Knollen- und separater Stecklingsbewurzelung lohnte sich, denn der Ertrag war deutlich höher als bei direkt eingepflanzten Knollen, wie wir im unmittelbaren Vergleich lernten. Die Pflanzen setzten wir nach den Eisheiligen, meist aber erst im Juni, in hohe Pflanzgefäße und später in ein eigens dafür vorgesehenes Hochbeet. Wir haben die Erfahrung gemacht, dass die Erträge aus Kübeln und Hochbeeten deutlich höher sind als die aus dem Boden. Süßkartoffeln sind als tropische Pflanzen naturgemäß besonders wärmebedürftig. Zusätzliche Knollen konnten wir oft im Laufe des Sommers gewinnen, indem wir die langen Ranken an einigen Stellen mit Erde bedeckten. An diesen Absenkern wuchsen mit etwas Glück ebenfalls Knollen, sofern die Pflanze lange genug im Boden bleiben konnte.

Auf der warmen Fensterbank wurde es Mitte bis Ende März Zeit für die Aussaat von Tomatenpflanzen. Mit den anderen wärmeliebenden Gemüsesorten, die erst nach den Eisheiligen ins Freie können, warteten wir noch. Es ist wie mit den Kaltkeimern: Lieber etwas später säen, auch wenn es schwerfällt. Zu früh gesäte Gurken, Zucchini, Kürbisse und Co. bekommen lange, schwache Triebe, wenn sie wochenlang zu warm und bei zu wenig Licht in zu kleinen Töpfchen stehen, sie vergeilen. Gerade mit der Anzucht von Kürbissen und Gurken ließen wir uns daher Zeit.

Bei Gurken rechnet man mit einer Anzuchtdauer von 25 bis 30 Tagen, so dass ein Saattermin Mitte bis Ende April absolut ausreichend ist.

Die Eisheiligen nahmen wir immer ernst, auch wenn es uns jedes Jahr komisch erschien, bei fast sommerlichen Temperaturen noch nicht zu pflanzen. Zwar sind die ersten Maitage in unserer Gegend normalerweise ausreichend warm, die Nachttemperaturen fielen aber oft noch so stark, dass das Wachstum ins Stocken geriet. Mehr als einmal erlitten unsere Jungpflanzen Kälteschäden, die sie die gesamte Saison über kümmerlich wachsen ließen oder sogar zum Austausch gegen industriell gezogene Kulturpflanzen führten. Schade um die Mühe, die wir uns vorher mit der Anzucht gemacht hatten!

Torffreie Anzuchterde haben wir gekauft. Für Keimung und erstes Wachstum brauchen Samenkörner feinkrümelige, nährstoffarme Erde, die wir schlecht selbst herstellen konnten. Unsere Gartenerde war zu schwer und verschlemmte beim Gießen. Blumenerde und Kompost sind zu nährstoffreich für die jungen Pflanzen, sie bekommen gelbe Blätter und schießen weich und wackelig in die Höhe, anstatt einen kräftigen Wurzelballen zu entwickeln.

Leider brachten wir uns mit gekaufter Erde oft auch Schädlinge mit in die Saatkästen, allen voran die Trauermücke. Die Eier oder Larven sind im Substrat verborgen. Erst in der warmen Wohnung entwickeln sie sich zu Fliegen und kriechen aus der Erde. Unzählige Exemplare umschwirren dann die Pflanztöpfe und finden sich überall in den Wohnräumen. Sie haben einen extrem kurzen Lebenszyklus und leben nur für die Fortpflanzung. Die erwachsenen Tiere nehmen keine Nahrung zu sich und sterben schon ca. fünf Tage nach dem Schlupf. Ihre Larven richten große Schäden an den Pflanzen an. Für die Bekämpfung von Trauermücken gibt es allerlei Hausmittel. Ein einfaches Mittel ist, die betroffenen Töpfe einige Millimeter mit Spielsand abzudecken. Die Weibchen können dann keine neuen Eier in die Erde legen, der Fortpflanzungszyklus wird auf natürliche, ungiftige Art unterbrochen.

Kulturpflanzen säten wir in Kunststofftöpfchen aus, die wir jedes Jahr wiederverwendeten. Einige Male probierten wir parallel die Aussaat in Eierkartons oder Toilettenpapierrollen aus, in denen die Jungpflanzen später direkt in den Boden gesetzt werden und die im Laufe des Sommers verrotten sollten. Im Vergleich haben wir beobachtet, dass Aussaaten in Pappe deutlich schneller austrockneten und dass die Pflänzchen deutlich schlechter wuchsen. Außerdem wussten wir nicht, ob und wie viele Schadstoffe im Karton bzw. in der Pappe vorhanden waren, die wir später ungern in unsere Böden einbringen wollten.

Junges Gemüse und Frühlingsgefühle

Was war das jedes Jahr wieder für ein tolles Gefühl, nach den kalten Wintermonaten das erste „neue" Gemüse auf dem Teller zu haben!
Den Anfang machten neben Feldsalat und Mangold die schnell wachsenden Radieschen. Ihnen folgten schon bald Spinat und Rote Melde. Vermischt brachten sie schon optisch den Frühling auf den Tisch und waren gute Vitaminspender.
Als weiteres frühes Gemüse ernteten wir zwischen April und Juni unseren Rhabarber, der fälschlicherweise oft für eine Obstsorte gehalten wird. Je jünger der Rhabarber ist, desto zarter und aromatischer sind seine Stangen und desto weniger Oxalsäure enthalten sie. Die Säure ist für das typisch stumpfe Gefühl auf Zähnen und Zunge verantwortlich und in großen Mengen gesundheitsschädlich. Je später im Jahr Rhabarber geerntet wird und je mehr Sonne die Pflanze bekommen hat, desto mehr Oxalsäure ist vor allem in grünen Pflanzenteilen enthalten. Zum Saisonende hin werden die Stangen aber auch holzig und schmecken streng-herb. Ab Ende Juni haben wir nicht mehr geerntet, auch damit sich die Pflanzen regenerieren konnten. Die Blätter, die nicht genießbar sind, nutzten wir zum Mulchen unserer Himbeerpflanzen. Aus den Stangen kochten wir am liebsten Sirup, der die Grundlage für tolle, erfrischende Limonaden im Sommer bildete und ein beliebtes Mitbringsel für Freunde und Bekannte war.

Im Garten begann das Gras zu sprießen, und schnell wurde es wieder Zeit zum ersten Mähen. Aus Schutz gegen immer häufiger auftretende Zecken, Grasmilben und Kriebelmücken achteten wir sehr darauf, regelmäßig die Laufwege, einen Streifen rund um unseren Gemüseacker und die Stellen zu mähen, an denen wir uns häufig aufhielten. Andere Bereiche unserer Wiese blieben naturbelassen. Die blühenden Gräser und Wiesenpflanzen sahen so hübsch aus, wenn sie sich im leichten Wind bogen! Wir genossen das farbenfrohe, beruhigende Bild und beobachteten gern die angelockten nektarsammelnden Insekten, die sie umschwärmten. Die Wiesenflächen haben wir auch nicht künstlich eingeebnet, sondern vielmehr aktiv für Bodenanrisse als mögliche Brut-höhlen gesorgt. Unsere einzige Aufgabe war es, auf Giftpflanzen wie zum Beispiel das Jakobs-Kreuz-Kraut zu achten, das sich in den vergangenen Jahren explosionsartig ausgebreitet hatte und das schon in geringen Mengen hochgiftig auch für Großtiere wie Pferde, Schafe und natürlich auch für unsere Lamalpakas war. War es im Laufe des Sommers an der Zeit, mähten wir die Wiesenstreifen für Heu. Zum Schutz der Kleinlebewesen und bodenbrütenden Insekten sollte man nur etwa zweimal im Jahr mit einer Mahthöhe von etwa 8-10 Zentimetern mähen. Wir nutzten dafür einen Freischneider mit Mähfaden. Er häckselt nicht wie ein Kreiselmäher alles, was in die Nähe seines Schnittblatts kommt. Das Gras ließen wir auf einem selbstgebauten Holzgestell trocknen. Hatten unsere Lamalpakas die Wahl zwischen zugekauftem und eigenem Heu, bevorzugten sie immer die Halme der eigenen Wiese. Wir freuten uns über diese unbewusste Anerkennung des anstrengenden Mähens, Wendens und Trocknens in Handarbeit. Das zufriedene Kauen von Harry und Socke entschädigte uns ebenso für manchen (Kriebel-)Mückenbiss und wundgekratzte Beine.

Der Rasenschnitt aus den niedrig gehaltenen Bereichen war wertvolle Biomasse und wurde nicht entsorgt. Ein kleiner Teil landete auf dem Kompost, denn ein Zuviel schadet dem Zersetzungsprozess der Rotte. Der größere Teil wurde zu Mulchmaterial im Gemüsebeet, sobald die Reihen gut sichtbar und die Pflänzchen etwas größer gewachsen waren. Und waren die Beete ausreichend versorgt, freuten sich die Hühner über den Schnitt als Einstreu in ihren Gehegen. Sie pickten und scharrten nach Herzenslust, bekamen eine zusätzliche Vitaminbombe und schenkten uns im Gegenzug sattgelbe Eidotter. Ein Zuviel an Grasschnitt im Hühnerstall trocknete dank der emsigen Verteilung durch die Hühnerfüßchen recht schnell und wanderte später auf den Misthaufen.

Wenn es abends endlich länger hell wurde, gingen wir regelmäßig nochmal bewusst raus in die Natur. Nicht immer gab es etwas zu tun, meist gingen wir nur eine kleine Runde, „besuchten" unsere Tiere und freuten uns an den kleinen Pflänzchen und Knospen, die sich vorsichtig öffneten. Und immer wieder waren wir erstaunt, wie schön sich Abende entwickelten, die vom Wohnzimmerfenster aus trübe und grau ausgesehen hatten. Einmal im Freien, fiel uns die blitzende Abendsonne auf, die sich zwischen den Wolken zeigte und die die Natur in warmes Licht tauchte. Lautstarkes Gezwitscher, das bei geschlossenen Fenstern ausgesperrt war, ertönte, wenn die Vögel ihre Schlafplätze aufsuchten. Und selbst wenn die Sonne etwas später verschwunden war, hinterließ sie noch lange ihr beeindruckendes Abendrot. Solche Abende waren eine Wohltat nach dem langen Winter!

Viele Tierkinder wurden auf unserem Hof geboren. Gartenschwänzchen, Bachstelzen und Meisen bauten ihre Nester. Jahr um Jahr kam sogar ein Turmfalkenpärchen und inspizierte eine Höhle hoch oben in der Stallwand. Es blieb einige Tage, stellte dann aber fest, dass der Nistplatz wohl doch zu unruhig war und zog weiter. Die Höhle lag direkt oberhalb unseres Treppenabgangs in den Garten, so dass wir den Falken ihre Entscheidung nachsahen.

Gärtnerglück

Auf den richtigen Zeitpunkt für das Aussäen und Setzen der wärmeliebenden Pflanzen nach den Eisheiligen warteten wir jedes Jahr ungeduldig. Zu oft hatten wir darauf vertraut, dass die kalte Sophie und ihre
Mitstreiter ausfielen, zu regelmäßig hatten sie aber doch zugeschlagen
und unsere liebevoll vorgezogenen Pflanzen empfindlich geschädigt
oder sogar erfrieren lassen. Nach dem 15. Mai herrschte daher umso
emsigere Betriebsamkeit bei uns im Garten: Bohnenstangen wurden
gestellt, Stangen- und Buschbohnen, Gurken und Mais ausgesät, Toma-
ten- und Gurkenpflanzen gesetzt und auch alle anderen wärmeliebenden Pflanzen durften endlich ins Freie. Töpfe mit Erde wurden ge-
schleppt, Schubkarren bewegt, Pflanzlöcher und Saatrillen geschaffen
und abends fielen wir müde und zufrieden auf die Couch.

Viele Arbeitsschritte waren inzwischen Routine. Tomaten zum Beispiel
mögen als eine von ganz wenigen Pflanzenarten gern am gleichen Platz
stehen. Sie bekamen also ihren gewohnten Pflanzort im Gewächshaus.
Als Starkzehrer brauchen sie viele Nährstoffe, so dass wir ordentlich
Kompost in den Boden einarbeiteten und den Sommer über mit abgelagertem Hühnermist düngten. Unsere Tomatenpflanzen setzten wir etwa
10 bis 15 cm tiefer ein als der Ballen es forderte, so entwickelten sich
zusätzlich stabilisierende Seitenwurzeln. Direkt neben die kleine Pflanze
setzten wir Tontöpfe mit Löchern, durch die wir gossen. Tomaten mögen keine Duschen. Die Blätter müssen trocken bleiben, sonst stellt sich
die gefürchtete Kraut- und Braunfäule ein, die auch durch radikale
Blattentfernung fast nicht in den Griff zu bekommen ist. Insgesamt sollten Tomaten nicht in zu hoher Luftfeuchtigkeit stehen, sie brauchen
Durchlüftung für die Fruchtbildung. Bei zu hoher Luftfeuchtigkeit ver-
klebt der Blütenstaub, die Blüten fallen ab.

Gurken haben genau gegensätzliche Ansprüche an ihre Umgebung. Sie
mögen eine hohe Luftfeuchtigkeit, und ihnen gefällt eine Dusche mit
warmem (Regen-)Wasser. Einlegegurken, die auch Landgurken, Frei-

land-, Bauern-, Feld oder Schmorgurken genannt werden, pflanzten wir in den Ackerstreifen, die feineren Salat- oder Schlangengurken in Kübel, die wir vor eine warme, überdachte Wand stellten.

Aufgrund der durch den Klimawandel deutlich angestiegenen Temperaturen haben wir in den letzten Jahren gute Erfahrungen mit Auberginen und Tomatillos gemacht. Tomatillos sind Verwandte der Physalis, sehen aber eher wie unreife Tomaten aus und haben im Durchmesser etwa 3 cm große Früchte, die in einer papierartigen Hülle stecken. Die zu den wärmeliebenden Nachtschattengewächsen gehörende Tomatillo-Pflanze stammt aus Mittelamerika, wo die Früchte wie Gemüse gegessen werden. Besonders in Mexiko sind Tomatillos eine klassische Zutat in vielen Gerichten. Wir haben unsere Ernte gern zu Dips und Salsa verarbeitet. Sehr außergewöhnlich und lecker!

Eine wunderbare Sommeralternative zum Frühjahrs- und Herbstspinat, der nicht so viel Wärme verträgt, ist Neuseeländer Spinat, der sich in unserem Gewächshaus jedes Jahr selbst versäte. Bei ausreichend warmem Boden wuchs er zuverlässig und kräftig. Neuseeländer Spinat ist bodendeckend mit reichlich verzweigten Ästen und hat dicke, fleischige Blätter, die sich hervorragend roh im Salat oder gedünstet zu Blattspinat verarbeiten lassen. Geschmacklich empfinde ich ihn etwas kräftiger als den „normalen" Spinat. Ab Anfang Juli bis in den Herbst hinein konnten wir die Blätter laufend ernten. Krankheiten und Schädlinge kamen so gut wie nicht vor. Ein rundherum praktisches Gemüse also, das wir hegten und pflegten und von dem wir zur Sicherheit jedes Jahr einige dicke, stachelige Samenkörner überwinterten, um ihn im nächsten Jahr zusätzlich oder auch ersatzweise zu pflanzen.

Im Juni/Juli wurden die dicken Bohnen reif, die wir Ende Februar gesät hatten. Wir ernteten sie, wenn die Schoten glatt und prall waren und sich gut durchbrechen ließen. Die zugegeben eintönige Arbeit des Auspulens aus den Schoten lohnt sich: Dicke Bohnen lassen sich sehr variabel einsetzen, weit über das traditionelle Anbraten in Butter und Speck hinaus. Lecker und etwas bekömmlicher sind sie kalt oder warm mit

Tomaten und mediterranen Kräutern oder auch asiatisch zubereitet mit Ingwer und Glasnudeln.

Mediterraner Bohnensalat

250 Gramm frisch gepulte Bohnenkerne
frisch gemahlener Pfeffer, etwas Salz
8 EL Olivenöl
6 Salbeiblätter
1 Rosmarinzweig
2 Basilikumzweige
1 EL Zitronensaft
300 Gramm Cocktailtomaten
In einem kleinen Topf gesalzenes und gepfeffertes Wasser zum Kochen bringen und die Bohnen fünf bis acht Minuten dünsten, bis sie weich sind. Dabei die Temperatur nicht zu hoch wählen, sonst zerfallen die Kerne und werden matschig. Salbei und Rosmarinnadeln fein hacken. Das Olivenöl in einer großen Pfanne erhitzen, die Kräuter hineingeben. Salzen und pfeffern. Die Bohnen gut abtropfen lassen und zum Kräuteröl in die Pfanne geben. Vom Herd ziehen, den Zitronensaft aufträufeln und gründlich vermischen. Zum Schluss die Cocktailtomaten halbieren und vorsichtig untermischen. Gut durchziehen lassen, am besten über Nacht. Erwärmt man den Salat behutsam, bevor man ihn isst, entfalten sich die Aromen am besten. Zum Schluss mit Basilikum garnieren.

Mit den dicken Bohnen wurden auch ihre kleineren Verwandten, die ersten Stangen- und Buschbohnen reif. Sie haben von Mitte Juni bis September Saison. Da es Gartenbohnen in unzählbaren Varianten gibt, setzten wir immer verschiedene Züchtungen, um klimatische Besonderheiten des Gartenjahres auszugleichen. Mal wuchsen die an langen Stützgerüsten gezogenen Stangenbohnen besser, mal die niedrigen Buschbohnen, je nach Temperatur, Feuchtigkeit des Bodens und eventuellem Schädlingsbefall wie zum Beispiel Schneckenfraß. Generell haben wir die Erfahrung gemacht, dass Stangenbohnen höhere Erträge liefern und sich über einen längeren Zeitraum ernten lassen. Wir hatten immer unterschiedliche Sorten: Zum einen gab es Schnittbohnen mit flachen Schoten und dicken Kernen, die sich besonders für deftige Eintöpfe und

Suppen im Winter eignen. Meist haben wir sie im rohen Zustand eingefroren, denn blanchiert büßten sie ihre knackige Konsistenz nach unserem Geschmack zu sehr ein. Daneben bauten wir Brechbohnen mit eher runden Hülsen und kleineren Kernen an, die geschmacklich etwas feiner sind als Schnittbohnen. Zu den Brechbohnen zählen auch die Butter- oder Wachsbohnen, die gelbe Schoten haben und im rohen Zustand biegsamer sind. Sie eignen sich besonders gut zur Zubereitung von Salaten und als Gemüse. Auch sie haben wir roh eingefroren, wenn es ein Zuviel an Ernte gab. Prinzessbohnen sind sehr dünn, haben runde, sehr feine Hülsen und sind fast kernlos. Sie kamen frisch gekocht als Beilagengemüse auf unseren Tisch.

Die Bohnen, die wir beim besten Willen nicht mehr verarbeiten konnten, ließen wir an der Pflanze hängen, bis sie pergamentartig eingetrocknet waren. Das galt insbesondere für die Feuerbohnen. Von ihnen verwendeten wir die Kerne als Trockenbohnen und natürlich als Saatgut für die nächste Saison. Trockenbohnen waren früher eins der Hauptnahrungsmittel im Winter, sättigend und gute Eiweißlieferanten. Ausgepult ließen wir die Kerne einige Tage im Zimmer durchtrocknen und lagerten sie wie getrocknete Kräuter, Tomaten oder Pilze in luftdurchlässigen Papiertüten oder Briefumschlägen an einem dunklen Ort.

Erbsen sind wie erwähnt speziell im Anbau. Zum einen mögen sie erst mit jahrelangem Abstand am gleichen Platz stehen, zum anderen sind sie schlechte Nachbarn zum Beispiel für Bohnen und Tomaten. Und sie brauchen ein Rankgerüst, das man entweder konstruiert oder bereits vorhandene Zäune oder Spaliere nutzt. Erbsen sind aber so vielseitig, dass sich für uns die Mühe lohnte. Denn Erbse ist nicht gleich Erbse! Man unterscheidet zwischen Schalerbsen, Markerbsen und Zuckererbsen. Die Pflanzen lassen sich phänotypisch fast nicht unterscheiden, so dass wir schon bei der Aussaat auf eine genaue Bezeichnung achteten. Schal-, Pal- oder Trockenerbsen sind alte, robuste Sorten, die früher mit ihrem hohen Stärkeanteil den Menschen als Sattmacher über den Winter geholfen haben. Man erkennt sie daran, dass auch die getrockneten Körner rund und glatt sind. Schon während der Reife werden sie mehlig. In

Wasser eingeweicht quillt das stärkehaltige Samenkorn auf und wird wieder weich.

Markerbsen sind nicht so mehlig und schmecken unausgereift mit ihren knackig süßen, grünen Kernen am besten frisch gekocht. Sie enthalten 6-9 Prozent Zucker, wodurch sie so süß sind. Erst kurz vor der Samenreife wird ein Teil des Zuckers in Stärke umgewandelt, und die Körner werden mehlig. Wir versuchten daher immer, das richtige Zeitfenster zu erwischen. Zu früh geerntet sind die Körner zu klein und lassen sich schwer verarbeiten, zu spät haben sie bereits den Großteil ihrer perfekten Süße eingebüßt. Im April gesät, konnten wir die ersten Hülsen im Juni pflücken. Lohnte sich die Menge einer Pflückrunde nicht für die Verarbeitung, lagerten wir die ungepulten Schoten im Kühlschrank, bis es für ein Essen reichte. Bei ganz jungen Erbsen genügte es, sie in etwas Butter zu schwenken, etwas ältere dünsteten wir ein paar Minuten für eine bessere Bekömmlichkeit. Zu spät gepflückte Markerbsen schmecken mehlig und fad, passen aber noch gut in einen Auflauf oder eine Suppe. Sie (außer zur Samengewinnung) zu trocknen lohnte sich nach unserer Erfahrung nicht, denn die Körnchen schrumpeln sehr stark und werden trotz längeren Einweichens und Kochens nicht richtig weich.

Zuckerschoten (auch Zuckererbsen, Kefen oder Kaiserschoten genannt) sind Sorten, die zarte Hülsen ohne zähe Pergamentschicht und Nahtfäden bilden. Wir ernteten sie alle paar Tage und aßen die Schoten roh oder kurz gedünstet. Am häufigsten verwendeten wir sie bei Wok-Gerichten. Je jünger Zuckerschoten sind, desto süßer sind sie.

Ein guter Beetnachbar für Erbsen ist Fenchel. Wir bauten die beiden Gemüsearten zusammen an. Fenchel braucht einen nährstoffreichen Boden und mag es am liebsten warm und windgeschützt. Also setzten wir Knollenfenchel in die Mitte eines runden Kompostsilos aus Metall, an dem außen Erbsen als Windschutz rankten. Das Kompostgestell haben wir jährlich versetzt, da die Erbsenpflanzen wie beschrieben jedes Jahr einen frischen Boden brauchen. Drei bis vier Monate nach der Aussaat konnten wir den Knollenfenchel ernten. Alle Teile sind essbar, auch die feingehackten Blätter. Wir entfernten jedoch meist den Strunk und

die äußeren Blätter, da sie holzig sein können, und boten unseren Lamas und Kaninchen damit ganz besondere Leckerbisse.
Beide Tierarten lieben Fenchel!

Mangold haben wir erst auf dem Hof kennengelernt, und inzwischen gehört er zu unserem Lieblingsgemüse. Er wird auch als „ewiger Spinat" bezeichnet, weil er ähnlich zubereitet wird, im Gegensatz zu Spinat aber den ganzen Sommer und bis zum ersten Dauerfrost zur Verfügung steht. Mangold braucht kaum Pflege, ist nicht sehr anfällig für Schädlinge und Krankheiten und hat sich auf dem Ackerstreifen regelmäßig selbst versät. Er hat keine „schlechten Nachbarn", so dass er überall an freien Plätzen wachsen kann, selbst wenn der Standort nicht vollsonnig ist. Wir haben ihn gelassen, wenn er sich zwischen andere Kulturen gemogelt hat. Geerntet werden nur die äußeren Blätter. Das Herz ließen wir stehen, damit die Pflanze weiter wachsen konnte. Zu große, welke oder von Schnecken angefressene Blätter ernteten wir für unsere Tiere. Ausreichend gemulcht überstanden unsere Pflanzen oft sogar die kalte Zeit und trieben im Frühjahr neu aus. Blätter und Stiele dieser Pflanzen sind essbar, solange sich der Blütentrieb noch nicht aus der Mitte geschoben hat.
Aufgrund der unterschiedlichen Gardauer sollte man Blätter und Stiele nacheinander zubereiten. Die Stiele werden gewaschen und in Stücke geschnitten. Dann braten wir sie in etwas Fett an, löschen sie mit Brühe ab und garen sie weich. Die Blätter blanchieren wir ein bis zwei Minuten in kochendem Salzwasser, holen sie mit einer Schöpfkelle heraus und schrecken sie möglichst kalt ab, damit sie ihre Farbe nicht verlieren. Mangoldblätter reagieren auch empfindlich auf Säure und werden dann schnell braun. Das beeinträchtigt zwar nicht den Geschmack, sieht aber nicht schön aus. Warme Mangoldgerichte bereiten wir daher nicht mit Essig oder Zitronensaft zu. Schon die Säure in Tomaten reicht, den Blättern ihre Farbe zu entziehen. Wer also besonderen Wert auf die Optik seines Gerichts legt, sollte die geschnittenen Blätter separat kochen und erst ganz zum Schluss gut abgetropft unterheben.

Mangold-Karotten-Gemüse
500 Gramm Mangold
5-6 Karotten
1 Zwiebel
1 Knoblauchzehe
2 EL Olivenöl
125 ml Gemüsebrühe
100 ml Sahne
Salz, Pfeffer
Mangold gründlich waschen und abtropfen lassen. Die Stiele herausschneiden und in Stücke, die Blätter in Streifen schneiden. Die Karotten waschen, ggf. schälen und in mundgerechte Stücke schneiden. Zwiebel und Knoblauch fein hacken. Olivenöl in einer Pfanne erhitzen und die Zwiebel darin anschwitzen. Die Mangoldstiele, Karotten und Knoblauch dazugeben und zwei Minuten unter Rühren anbraten. Dann die Mangoldblätter hinzufügen und mit der Brühe ablöschen. Abgedeckt etwa fünf Minuten gar dünsten. Mit Sahne verfeinern und bei Bedarf mit Salz und Pfeffer nachwürzen. Dazu passen Pasta oder Omelett.

Und dann kam sie jedes Jahr: Die Zucchinischwemme. Einige wenige kleine Pflanzen, die anfangs noch so unscheinbar und kraftlos wirkten, produzierten eine Zucchini nach der nächsten. Meist hatten wir verschiedene Sorten mit länglichen oder kugelförmigen, gelben oder grünen Früchten. So konnten wir optisch variieren, wenn Zucchinis in der Hochsaison in beinahe jedes Gericht eingearbeitet wurden. Gerne essen wir sie geschmort oder gefüllt mit Schafskäse. Zu groß gewachsene Exemplare koche ich 10-15 Minuten, püriere sie und gebe sie in Suppen oder in meinen Brotteig. Zucchinibrot ist interessant, wenn man seine Kohlenhydratzufuhr reduzieren möchte und ersetzt einen Teil des Mehls. Püriert kann man Zucchini gut einfrieren. Frisch oder blanchiert eingefroren werden die Stücke nach unserem Geschmack gummiartig, ebenso wenn man sie im Dörrapparat trocknet. Wie die meisten anderen Gemüsearten essen wir Zucchini daher am liebsten saisonal frisch. Dunkel und kühl gelagert hielten sie sich bei uns bis in den Winter.

Im Juni/Juli wurden die Kartoffeln reif. Die allerersten Kartoffeln unseres Ackers haben wir regelrecht zelebriert, so stolz waren wir. Wie gut die Ernte wird, sieht man erst, wenn man die ersten Kartoffeln ausgräbt, wir waren also entsprechend gespannt. Leider hatten wir sie wie beschrieben viel zu dicht gesetzt, und da der Boden im ersten Jahr nach jahrelanger Wildwiese noch nicht ausreichend für eine Anpflanzung vorbereitet war, hatten wir trotz Hackens, Anhäufelns und einer Mulchschicht sehr viele Ackerkräuter zwischen den Reihen und rund um die Pflanzen. Die Ernte war sehr überschaubar, aber da Kartoffeln ja für eine Bodenverbesserung sorgen, indem sie verdichtete Böden lockern und Stickstoff bündeln, haben wir die zugegebenermaßen recht kleinen „Grumbeeren", wie sie in der Pfalz auch genannt werden, als Wegbereiter für andere Kulturen in den folgenden Jahren gesehen und die recht langwierige Handarbeit des Ausgrabens achselzuckend in Kauf genommen. Im Boden belassen konnten wir sie auch nicht, da sie bei den inzwischen sehr milden Wintern in der Region im kommenden Jahr wieder ausgetrieben hätten. Jedes Frühjahr streckten übersehene Kartoffeln des Vorjahres neues Kraut in die Höhe und schenkten uns noch einmal Knollen der damals gesetzten Sorten.

Parallel zum Anbau im Boden haben wir als Experiment einige überschüssige vorgekeimte Saatkartoffeln in einen Turm gepflanzt. Kartoffeltürme gibt es industriell gefertigt zu kaufen, man kann aber auch Pflanzkübel, Holzverlattungen oder alte Jutesäcke nehmen. Da wir auf dem Hof viele, viele alte Getreidesäcke gefunden hatten, die teils schon von Mäusen angefressen waren, haben wir einige dieser Säcke umfunktioniert. Das Prinzip der Turm- oder Sackkultivierung ist einfach: Die Kartoffel wird zunächst in eine etwa 15 cm dünne Schicht Substrat gelegt. Sobald sich das Kraut durch die Erde geschoben hat, wird eine neue Schicht eingefüllt, bis der Sack oder der Kartoffelturm voll ist. In jeder Schicht soll sich eine neue Lage Kartoffeln bilden. Zur Erntezeit haben wir verglichen: Zwar haben sich in den Säcken schon allein durch die absorbierte Sonnenwärme wesentlich mehr und größere Kartoffeln gebildet, wir haben aber den Sommer über auch deutlich mehr gießen müssen. Die Säcke waren schnell ausgetrocknet.

Die Ernte war kräftesparender, weil der Sack nur aufgerissen bzw. aufgeschnitten wurde und die Kartoffeln uns quasi entgegenfielen. Wir haben auf der anderen Seite aber auch viel Substrat benötigt, das hinterher ausgelaugter war als der Ackerboden und in deutlich mehr Schritten mit Kompost und verrottetem Mist aufgearbeitet werden musste. Turmkultivierung von Kartoffeln empfiehlt sich unserer Meinung nach also eher für Gärten mit wenig Platz oder bei gesundheitlichen Einschränkungen.

Zu kleine Kartoffeln gab es bei uns nicht. Wir ernteten und kochten alle, die wir finden konnten. Über die winzigsten freuten sich unsere Hühner. Regelmäßig schob ich sie auf einem Backblech mit in den Ofen, wenn ich Brot gebacken habe. Das Brot erhielt durch die verdampfende Feuchtigkeit aus den Kartoffeln eine knusprige Krume und die kleinen Kartoffeln wurden kostenneutral zu begehrtem Tierfutter.

Grüne Kartoffeln haben zu viel Tageslicht bekommen oder waren ungünstigen Bedingungen wie Kälte oder Schädlingsbefall ausgesetzt. Sie bilden Solanin, einen giftigen Abwehrstoff. Gleiches gilt, wenn Kartoffeln bei der Lagerung aufgrund einer zu hohen Umgebungstemperatur und Lichteinwirkung anfangen zu keimen. Auch in den Keimlingen ist giftiges Solanin enthalten, das großzügig herausgeschnitten werden muss. Es wird nicht durch Kochen oder Garen abgebaut und ist auch nicht fettlöslich. Bei Temperaturen über 25 Grad Celsius ist es wasserlöslich und wird über das Kochwasser zum Teil ausgeschwemmt. Da Solanin nicht nur für Menschen giftig ist, bekamen unsere Tiere keine rohen Kartoffeln, und ich machte mir auch die Mühe, die Keimlinge zu entfernen. Rohe Kartoffelschalen haben wir ebenfalls nicht verfüttert.

Geschenke des Sommers

Ab Mai etwa begann die Erdbeerzeit und damit die neue Marmeladensaison. Genau genommen ist es ja Konfitüre, die man aus Erdbeeren und Co. kocht. Nach einer EU-Verordnung müssen nämlich Marmeladen aus Zitrusfrüchten hergestellt sein, alles andere sind Konfitüren oder Fruchtaufstriche. Gelees werden aus klaren Fruchtsäften hergestellt. Wir nehmen für unsere Konfitüren am liebsten den klassischen Gelierzucker 1:1, da Geschmack und Farbe länger erhalten bleiben als beim Gelierzucker 1:2 oder 1:3. Alle drei Sorten werden aus Zucker, Pektin als Geliermittel sowie einem Säuerungsmittel (meist Zitronen- oder Weinsäure) und teils mit Konservierungsstoffen hergestellt. Die Verhältniszahlen beschreiben den Anteil von Fruchtgut zu Zucker. Beim Gelierzucker 1:1 kommt also ein Kilo Früchte auf ein Kilo Zucker. Die Gelierzuckerarten 1:2 und 1:3 haben die Hälfte bzw. Zweidrittel weniger Zucker, wodurch die Konfitüren natürlich weniger süß sind, dafür einen höheren Pektingehalt und häufig auch Konservierungsmittel enthalten, um sie auch mit weniger Zucker haltbar zu machen. Wie so oft ist es Geschmackssache, wofür man sich entscheidet.

Den Erdbeeren folgten bald Himbeeren, Stachel-, Johannis- und Brombeeren. Viel Pflege brauchten unsere Beerensträucher nicht, abgesehen vom Rückschnitt. Da sie ihr Wurzelsystem knapp unter der Erdoberfläche ausbreiten, haben wir Beikräuter nur vorsichtig entfernt. Zwischen den Pflanzen wurde wie überall gemulcht, gerne mit den abgeschnittenen Rhabarberblättern während der Ernte.
Himbeeren hatten wir als sommer- und als herbsttragende Pflanzen. Sommerhimbeeren sind im Juni erntereif, Herbsthimbeeren tragen bis Oktober und manchmal sogar bis November. Sie sind allerdings nicht so aromatisch wie die Sommerhimbeeren, da ihnen Sonne und Wärme fehlen. Da sie nach und nach reiften und oft schon auf dem Weg in die Küche vernascht wurden, habe ich kleinere Mengen Sommerbeeren gewaschen und geputzt in Gefrierboxen eingefroren. Erst wenn ausreichende Mengen zusammengekommen waren, verarbeitete ich sie zu

Saft, Konfitüren oder Gelee. Zuvor eingefrorene Früchte haben den Vorteil, dass sie nach dem Auftauen oft schon aufgeplatzt sind, die Entsaftung also einfacher und schneller geht.

Erntereife Stachelbeeren erkennt man daran, dass sich die Beeren leicht eindrücken lassen. So gepflückt behalten sie auch auf Kuchen und als Kompott ihre Form. Die Farbe ist sorten- und nicht reifeabhängig. Ob man grüne, rote oder gelbe Beeren isst, macht geschmacklich keinen Unterschied, reife Stachelbeeren schmecken in allen Farben gleich.

Johannisbeeren habe ich mit einer Schere an den Rispen abgeschnitten und erst nach dem Waschen mit einer Gabel abgestreift, da sonst zu viel Saft verloren geht. Auch Johannisbeeren lassen sich hervorragend einfrieren und später in Desserts oder im Müsli verwenden, da sie nicht so leicht platzen wie zum Beispiel Himbeeren.

Brombeeren haben wir meist an verwilderten Ecken im Feld gesammelt, auch wenn die Früchte wesentlich kleiner waren als bei Kulturbrombeeren. Es war uns wichtig, eine unkontrollierte Ausbreitung der Ranken auf unseren Beeten zu vermeiden. Gegen Brombeeren haben wir eine echte Aversion entwickelt. Ich weiß nicht, wie viele gefühlte Kilometer pieksiger Brombeerranken wir über Jahre aus zugewachsenen Grundstücken gezogen und wie oft wir mit der Spitzhacke auch noch Jahre später gegen die robusten Wurzelstränge gekämpft haben. Trotz professioneller Forsthandschuhe und dicker Kleidung rammten wir uns immer irgendwo Dornen in die Haut oder schrammten uns die Gesichter. Nein, Brombeeren hatten in unserem Garten nichts zu suchen, auch wenn gezüchtete Arten diesbezüglich vielleicht harmlos sein mochten.

Ab Ende Juni um die Sommersonnenwende, wenn die Sonne am höchsten stand, hatten die Kirschen ihre Haupterntezeit. Wir hatten auf dem Hof nur einen Sauerkirschbaum gepflanzt, da Sauerkirschen wesentlich geringere Ansprüche an den Boden stellen als Süßkirschen. Zwar finden wir Süßkirschen zum Naschen vom Baum deutlich leckerer, aber die früheren Sorten sind normalerweise mehr Regen ausgesetzt, der die

Früchte oft zum Platzen bringt und faulig werden lässt. Außerdem sind Süßkirschen empfindlicher gegen die Kirschfruchtfliege, die ohne chemische Keule schwer in den Griff zu bekommen ist.

Den Kirschen folgten die anderen Steinobstsorten wie Mirabellen, Aprikosen, Zwetschgen, Reneklodsen und Pflaumen.
In dieser Zeit blühte, duftete und reifte alles fast gleichzeitig. Jeden Tag sagte uns unser Garten, was es zum Essen geben sollte, und jeden Tag wurde irgendetwas dieses Überschussangebots für den glücklicherweise noch weit entfernten langen Winter konserviert. In unserer Bauernküche wechselten sich Entsafter, Einkochapparat und Einschweißgerät ab und beinahe jeden Tag putzten, schnippelten oder trockneten wir Obst oder Gemüse, das so schnell nachwuchs, dass wir uns gut überlegen mussten, was wir wann verarbeiteten.

Süße, vollreife Tomaten waren ein weiteres Geschenk des Sommers, auf das wir uns jedes Jahr freuten. Zur natürlichen Reifezeit geerntete Tomaten sind einfach unvergleichbar mit den oft geschmack- und saftlosen Exemplaren, die man den Rest des Jahres im Supermarkt kauft. Wir genossen die Zeit mit Tomaten-Mozzarella-Salat, leichten, fruchtigen Tomatensuppen, Schmorgerichten, gefüllten Tomaten und, und und.
Ein Zuviel an Ernte gab es eigentlich kaum, wenn aber doch, überbrühten wir die Tomaten mit heißem Wasser, zogen die Haut ab, schnitten die Stielenden heraus und kochten sie als Sugo ein. Alternativ habe ich die Tomaten im Dörrapparat getrocknet und uns im Winter so in Antipasti, Cremes oder Salaten die Sommerfrische zurückgeholt.

Im Garten und insbesondere in der alten Mistkaute blühte es in diesen Wochen dank der vielen Wild- und Sommerblumen ohne Unterlass in unzähligen Farben und Größen, und mittendrin wuchsen majestätische Sonnenblumen. Wir säten sie im Frühjahr aus selbstgewonnenem Saatgut des Vorjahres großzügig aus und wurden im Spätsommer ebenso großzügig zuerst mit den strahlenden Blüten und später mit reichlich Futter für die Wildvögel und für unser Geflügel belohnt. Die Artenvielfalt bei Sonnenblumen ist enorm: Es gibt klein- und großwüchsige Sorten, solche mit kleinen und großen Blüten, ein- und mehrfarbige, verzweigte und unverzweigte. Jedes Jahr war es wieder spannend, welche Variante sich an welchem Platz durchsetzte und vor allem, wie groß sie wurden. Waren sie verblüht und hatten sich die Kerne verfärbt, kappten und trockneten wir einen Teil der Blütenköpfe. Sie waren ein tolles Beschäftigungsfutter für unsere Wachteln und Hühner. Kleinere Blütenköpfe ließen wir stehen für Meisen und Finken, die sie schon herauspickten, bevor die Samen richtig reif waren. Erst wenn sich die Blätter unansehnlich braun verfärbten, zogen wir die Sonnenblumen vorsichtig aus dem Boden und schredderten die langen Stängel. Die Häcksel verteilten wir dekorativ und zur Unkrauthemmung auf unseren Gartenwegen und verwerteten die riesige und so ergiebige Pflanze, die aus einem so kleinen Körnchen gewachsen war, komplett im Sinne der Permakultur.

Im Sommer 2022 fand die erste Veranstaltung auf unserem Hof statt.
Er war inzwischen so weit saniert, dass er „vorzeigbar" geworden war. Mutig meldeten wir uns beim „Tag der offenen Gartentüren" an, denn Erfahrungen mit solchen Events auf dem eigenen Grundstück hatten wir bisher nicht. In der Stadt kamen die Besucher zu unseren Weiden und Vorträge bzw. Lesungen hielten wir in externen Räumlichkeiten. Nun aber sollten interessierte Menschen zu uns nach Hause kommen, das war eine ganz andere Sache. Wir planten, bereiteten viel und lange vor, besorgten Bierzeltgarnituren und Stehtische, organisierten uns Hilfe aus der Familie und von Freunden. Und wir freuten uns, weil wir stolz waren auf das, was wir bis dahin geschafft hatten.
Die Aktion, an der noch zwanzig Gartenbesitzer in der Umgebung teilnahmen, wurde kräftig in den Medien beworben, so dass wir uns auf eine größere Anzahl an Besuchern einstellten. Was wir dann aber erlebten, sprengte all unsere Vorstellungen: Etwa 180 Leute fanden den Weg zu uns, Garten und Innenhof waren voll mit Menschen. Unter ihnen waren viele Dorfbewohner, die nicht zuletzt aus Neugier da waren, um sich ein Bild zu machen, was die Städter denn so aus dem alten Anwesen gemacht hatten.

Es kamen so viele, dass wir Schwierigkeiten hatten uns zu merken, wer uns besucht hatte und vor allen Dingen, wie sie sich namentlich vorgestellt hatten. Sogar eine Pressevertreterin interessierte sich für den Hof. Ein paar Tage später erschien ein längerer Artikel mit Foto und der Überschrift „Besucher des offenen Gartens überrascht" in der örtlichen Zeitung. Neben unserem Garten und unseren Tieren eröffneten wir an diesem Tag nämlich auch unser Eisenbahnmuseum über die Geschichte der Glantalbahn und unser Museum mit Gebrauchsgegenständen aus dem früheren Bauernleben wie zum Beispiel Holzpflüge, Ochsengeschirre und Schmiedewerkzeuge. Dazu gab es eine kleine Kunstausstellung mit Werken einer befreundeten Künstlerin aus dem Rhein-Main-Gebiet. Über alles wurde ausführlich und sehr positiv geschrieben.

Es war ein aufregender, wenn auch anstrengender Tag. Das Wetter spielte perfekt mit, und an den aufgestellten Tischen und Bierzeltgarnituren genossen unsere Gäste selbstgebackenen Kuchen, Kaffee und hausgemachte Limonaden. Noch lange später wurden wir angesprochen, wie gelungen die Hoföffnung gewesen war.

Nach dieser überwältigenden Resonanz freuten wir uns auf die weiteren Veranstaltungen, die wir planten. Vielleicht würde sich der Hof dann und wann als kleine, unkomplizierte Begegnungsstätte etablieren?

Wir strebten kein gastronomisches Angebot oder regelmäßige Öffnungszeiten an, dafür gab es ein sehr gemütliches Gartenlokal in unmittelbarer Nähe. Unser Arche- und Museumshof sollte vielmehr eine Bereicherung des Dorflebens und kleine Attraktion für Touristen der nahegelegenen Rad- und Draisinenstrecken sein.

Es folgten Museumsöffnungen zu Eisenbahnjubiläen, zum örtlichen Dorfflohmarkt und eine weitere Teilnahme am „Tag der offenen Gartentüren", leider aber konnten wir nie wieder ansatzweise an den Erfolg der ersten Veranstaltung anknüpfen. Die Neugier der Dorfbewohner war gestillt, das Werk der Städter begutachtet und für interessierte Eisenbahnfreunde oder Naturliebhaber war der Weg auf unseren Hof offenbar zu weit, da halfen auch Werbung in Zeitungen und auf Social Media nicht.

Schon recht schnell standen die Besucherzahlen nicht mehr im Verhältnis zur Organisation, so dass insbesondere meine Motivation von Veranstaltung zu Veranstaltung sank. Wir waren enttäuscht. Als wir einmal
bei geöffnetem Hoftor feststellen mussten, dass die Dörfler lieber in
Gruppen zum Fußballplatz zogen als zu uns, wussten wir, dass unsere
Idee nicht funktionieren würde.

Nach der Aufgabe der Wachtelhaltung war es ein weiterer Stich in unser
idealistisches Herz, das wir tapfer zu übergehen versuchten. Traurig
entschieden wir, uns zukünftig mehr auf unsere Selbstversorgung zu
konzentrieren.

Vorausschauend gärtnern

Trotz der Ernteflut war es nötig, den Garten für die Zeit nach dem Überfluss vorzubereiten.

Der Sauerkirschbaum zum Beispiel musste jährlich nach der Ernte und nicht wie andere Obstbäume im Winter geschnitten werden. Er bildet seine Früchte überwiegend an einjährigen Trieben aus dem Vorjahr aus, also denen, die im aktuellen Gartenjahr noch wachsen. Wir lichteten unser Bäumchen regelmäßig schon im Sommer aus, um neuen Trieben Platz zu machen und Schädlingsbefall durch eine luftige Krone vorzubeugen. Gleiches galt für die Himbeeren. Ruten von Sommersorten, die nur einmal tragen, schnitten wir noch vor dem Herbst bis zum Boden zurück. Die alten Triebe sterben zum Winter hin ab und bieten eine Angriffsfläche für Pilzerkrankungen, die das Wachstum der herbsttragenden Sorten beeinträchtigen können.

Mitte Juli bis Ende August war Pflanzzeit für eine neue Generation Erdbeeren. Setzt man die Pflanzen deutlich später, wird die Blütenbildung für die kommende Saison gehemmt. Man bekommt weniger, dafür aber meist größere Erdbeeren oder so gut wie gar keine, wenn die Blütenbildung komplett übergangen wurde. Zwei bis vier Jahre tragen Erdbeeren gut, danach wird die Ernte in jeder Saison weniger. Erdbeeren zu vermehren ist dank der vielen Ausläufer, die die Pflanzen bilden, denkbar einfach. Von den blühfreudigsten und leckersten Pflanzen nahmen wir die Kindel, die der Mutterpflanze am nächsten standen. Die anderen entfernten wir, damit alle Kraft in die Früchte gehen und wir besser zwischen den Reihen hacken konnten.

Auf den Gemüsebeeten bildeten sich etwa im August die ersten Lücken. Dort wurde es Zeit für die Herbst- und Winteraussaaten. Die ideale Nachkultur auf einem leeren Beet, egal, was dort vorher gesetzt war, war für uns Feldsalat, nicht zuletzt, weil wir ihn so gerne essen. Als Baldriangewächs ist er mit keiner klassischen Nutzpflanze verwandt und braucht nur wenige Nährstoffe. Im Normalfall kommt er mit dem zurecht, was die Vorgängerkultur an Nährstoffen übriggelassen hat, und ist gleichzeitig eine hervorragende Gründüngung über den Winter. Bis Mitte August gesät, konnten wir oft noch im gleichen Jahr ernten. Spätere Aussaaten waren meistens zu klein für eine Ernte vor dem Winter, bildeten aber früh im nächsten Jahr neue Blätter. Im Februar war er das erste Gemüse, das wir im neuen Gartenjahr ernteten. Jedes Jahr waren wir erstaunt, wie tapfer sich die kleinen Pflanzen bei Eis und Schnee hielten und wie sie bei noch niedrigen Temperaturen kräftige Blätter entwickelten. Feldsalat keimt am besten bei einer Temperatur von etwa 15 Grad Celsius. Ist es deutlich wärmer als 20 Grad, warten die Samen mit dem Keimen, bis es entsprechend kühl ist.

Ende August bis Mitte September säten wir außerdem Spinat, der ebenfalls im Beet überwinterte. Er keimt im Gegensatz zum Feldsalat auch bei sommerlichen Temperaturen. Spinat folgt auf dem Beet gern nach Kartoffeln oder Kohlgewächsen, da er recht viele Nährstoffe benötigt, die die Starkzehrer zuvor übriggelassen haben. Nach Mangold oder roter Bete sollte man ihn nicht wachsen lassen, da die Pflanzen aus der gleichen Familie stammen.

Feldsalat und Spinat sind deshalb so hervorragende Gründüngerpflanzen, weil beide viele Feinwurzeln entwickeln, die den Boden krümelig werden lassen. Gründüngung ist eine Wohltat für jeden Boden, egal, wie er beschaffen ist. Im Frühjahr ernteten oder mähten wir die Gründüngung ab und verfütterten sie an unsere Tiere. Strünke und Wurzeln arbeiteten wir oberflächlich ins Beet ein. Mikroorganismen bauten sie ab und setzten dabei die gebundenen Nährstoffe frei. Das geschah nicht von heute auf morgen, aber mit jedem Jahr wurde die Bodenqualität besser.

Für viele Pflanzen des kommenden Jahres gewannen wir Saatgut von geeigneten Mutterpflanzen, solange es nicht zu feucht draußen war. Bei Kulturpflanzen unterscheidet man samenfeste und nicht samenfeste Arten. Samenfest bedeutet, dass die Folgepflanzen genau die gleichen Eigenschaften haben wie die Mutterpflanzen. Bei vielen Hochleistungszüchtungen ist das heute nicht mehr der Fall. Man nennt sie F1-Hybride. Die Pflanzen zeigen in der ersten Generation besondere Eigenschaften wie hohe Erträge oder besonders intensive Farben, die in der nächsten Generation schon nicht mehr zu finden sind. Bei Gemüsepflanzen kommt es vor, dass Nachkommen von F1-Hybriden deutlich kleinere, veränderte oder sogar gar keine Früchte mehr ausbilden. Wir achteten daher schon beim Kauf von Saatgut oder Setzlingen auf samenfeste und am liebsten auch auf alte Sorten. Sie lieferten uns oftmals zwar etwas weniger Erträge, dafür waren sie robuster und wir konnten sicher sein, nicht Wasser und Pflege in Pflanzen zu stecken, die in der nächsten Generation im schlimmsten Fall sogar steril waren.

Tomatensamen gewannen wir, indem wir einige der letzten gut ausgereiften Früchte von Pflanzen, die sicher keine F1-Hybride waren, neben Äpfeln noch möglichst lange nachreifen ließen. Die Äpfel scheiden das Reifegas Ethylen aus. Dann schnitten wir die Tomaten hälftig auf und gaben die Samen mit ihrer gallertartigen Ummantelung auf ein Küchenpapier. Das ließen wir auf der Heizung einige Tage trocknen, bevor wir die Körnchen eintüteten.

Bohnen und Erbsen sind Selbstbestäuber, das heißt, dass Schoten und Kerne in der Folgegeneration genetisch gleich zur Mutterpflanze sind. Wir ließen daher die letzten Schoten hängen, bis sie komplett ausgereift waren und trockneten sie an einem warmen Ort weiter, bis sie ausgehärtet waren.

Bei Gurken, Kürbis und Zucchini verzichteten wir auf eine Saatgutgewinnung, auch wenn die Kerne bei überreifen Früchten noch so prall und reif aussahen. Es gibt nämlich auch giftige Kürbisse, wie zum Beispiel den echten Zierkürbis. Er enthält einen Bitterstoff, der Magen- und Darmschleimhaut angreift. Kürbisse brauchen eine fremde Bestäuberpflanze, wodurch es zwangsläufig zu Kreuzungen kommt, manchmal eben auch mit bitteren Zierkürbispflanzen aus der Umgebung. Um dem aus dem Weg zu gehen, kauften wir lieber zertifiziertes Saatgut.

Die gut getrockneten Samen verpackten wir in Papiertütchen und lagerten sie möglichst kühl. Reifer Samen zeigt nach außen zwar keinerlei Stoffwechselaktivität, aber das täuscht. Der Keimling im Inneren lebt auf Sparflamme und verbraucht minimale Mengen Sauerstoff und eingelagerte Nährstoffe. Mit der Zeit gehen nicht nur die Reserven im Saatkorn zur Neige, sie verändern sich auch. Je tiefer der Samen also in einer Keimruhe liegt, desto mehr und länger hat er Kraft zum Austreiben, wenn Wärme und Wasser ihn stimulieren. Saatgut bleibt länger keimfähig, wenn es vollkommen durchgetrocknet ist und bei Temperaturen im einstelligen Bereich gelagert wird. Die Luft sollte so trocken wie möglich sein, sonst ziehen die Papiertütchen und die Samen Feuchtigkeit aus der Luft an. Auch sollte wenig Sauerstoff zur Verfügung stehen. Die Sämereien lagerten bei uns in einem fest verschlossenen kleinen Kunststoffkoffer in unserer Werkstatt, einem der kühlsten, frostfreien Räume. Dort blieben sie mehrere Jahre keimfähig, sofern die Keimfähigkeit nicht schon von Natur aus rasch nachgelassen hat, wie zum Beispiel bei Petersilien-, Fenchel- oder Dillsamen. In der Regel gilt: Je kleiner die Samenkörner, desto kürzer die Keimfähigkeit. Theoretisch kann man Saatgut auch einfrieren, dann aber muss vorher noch mehr darauf geachtet werden, dass es komplett durchgetrocknet ist. Ist das nicht der Fall, zerplatzen die Zellen des Saatkorns, weil sich gefrierendes Wasser ausdehnt.

Neben Saatgutgewinnung war diese Zeit ideal, um Stecklinge zu ziehen, da die geschnittenen Triebe voller Kraft waren und in kurzer Zeit Wurzeln schlugen. Von geeigneten Pflanzen schnitten wir 10-15 Zentimeter lange Zweigstücke mit mehreren Blattknoten ab. Wir entfernten alle Knospen und Blüten und entlaubten die untere Hälfte der Stecklinge, setzten sie zu einem Drittel ihrer Länge in Töpfchen mit nährstoffarmer Anzuchterde und gossen sie kräftig an. Über das Töpfchen stülpten wir eine Plastiktüte, die für ein günstiges Kleinklima mit hoher Luftfeuchtigkeit sorgte. Holzstücke, die länger als die Triebe waren und die wir neben das Zweigstück in die Erde steckten, sorgten für Abstand zwischen Folie und Triebende. Stecklingsvermehrung ist besonders für Rosmarin geeignet.

Andere Kräuter wie Petersilie und Schnittlauch haben wir zum Ende des Sommers durch Teilung verjüngt und vermehrt. Wenn die Blätter welkten, schnitten wir die Pflanzen kräftig zurück, gruben sie mit großzügigem Erdballen aus und teilten sie, manchmal sogar brachial mit einem Spaten. Neu eingetopft oder ausgepflanzt ruhten die kleineren Ballen den Winter über und wuchsen im nächsten Frühjahr kräftig an.

Herbstzauber

Mildes Klima, schieferhaltige Böden und sonnige Südhänge in Steillagen bieten im Nahetal optimale Bedingungen für Weintrauben, also wollten wir auch auf dem Hof davon profitieren und pflanzten einige Reben. Sie passten perfekt in das mediterrane Bild rund um unsere Sitzecke. Zwischen Feigen, Rosmarin, Thymian und Wein kamen wir uns vor wie am Mittelmeer! Schnell waren die warmen Mauern berankt und schon im ersten Jahr wurden wir mit herrlich roten Weintrauben beschenkt. Sie sind reif, wenn die Traubenstiele verholzen und die Schale grüner Sorten so hell wird, dass man fast durchgucken kann bzw. die Schalen roter oder blauer Sorten ihren jeweils typischen Farbton annehmen. Bei unserer ersten eigenen Ernte konnte man allerdings nicht von einer „Lese" sprechen, denn wir hatten genau eine einzige Traube. Umso mehr gefeiert und genossen haben wir jedes Träubchen daran!
Mit jedem Jahr wurden es stattlich mehr, aber an einen eigenen Wein haben wir uns nicht getraut. Das überlassen wir lieber Spezialisten, zumal wir von Hobbywinzern aus unserem Bekanntenkreis gerade in Portugal immer wieder Versuche probieren mussten, die eher an Balsamico-Essig erinnerten als an Wein und ein unkontrolliertes Schütteln nach sich zogen. Wieder waren wir an dem Punkt, eine Selbstversorgung nicht um jeden Preis umsetzen zu wollen. Unser Traubensaft aus dem Entsafter war auch unschlagbar lecker!

Als nächstes begann die Zeit der heimischen Nüsse und Maronen. Von Nüssen tropischer Herkunft hatten wir wegen der langen Transportwege und der meist wenig nachhaltigen Produktion schon seit längerem Abstand genommen. Im Herbst sammelten wir in den umliegenden Wäldern Hasel- und Walnüsse für unseren Wintervorrat. Sie wurden in Kisten gelagert und mehrere Wochen auf dem unisolierten Dachboden getrocknet. Eine schnellere Trocknung zum Beispiel im Backofen funktioniert nicht, die Nüsse werden ranzig. Auf langsame Weise getrocknet halten sie sich bis zur neuen Ernte im kommenden Jahr, sofern immer nur kleine Mengen geknackt werden. Geknackte Nüsse können schnell ranzig werden oder mit gesundheitsschädlichen Schimmelpilzen behaftet sein. Die Schale schützt gegen schnelles Verderben. Im Winter fand ich es entspannend, bei guter Musik eine Portion Nüsse zu knacken und dabei meinen Gedanken nachzuhängen. Es störte mich also nicht, regelmäßig nur eine kleine Menge küchenfertiger Nüsse vorrätig zu haben.

Bei uns in der Gegend fielen zuerst die Haselnüsse, dann die Walnüsse und schließlich die Maronen (Esskastanien). In der Pfalz gibt es recht viele Maronenbäume, denn Bayernkönig Ludwig I (1786-1868) hatte in seiner Sommerresidenz Edenkoben im Landkreis Südliche Weinstraße tausende von Edelkastanien pflanzen lassen. Sie fühlen sich an sonnigen, warmen Orten und auf kalkhaltigen Böden wohl. Schon die Römer kannten Maronen. In vielen Bergregionen Südeuropas und vor allem in Südtirol waren Esskastanien Hauptnahrungsmittel im Winter, ehe die Kartoffel ihren Platz einnahm. Und auch bei uns findet man inzwischen immer mehr Maronenbäumchen. Sie kommen besser mit den Auswirkungen des Klimawandels zurecht als andere heimische Gehölze. Als wir einen Baum pflanzen wollten (unsere Nachbarn hatten schon einen, so dass wir auf die nötige Fremdbestäubung hoffen konnten), hatten wir relative Schwierigkeiten, überhaupt ein Bäumchen zu ergattern, so groß war die Nachfrage. Nur durch gutes Zureden konnten wir der Betreiberin einer nahegelegenen Baumschule ein nacktbewurzeltes Exemplar „aus dem Kreuz leiern". Esskastanien sind wirklich lecker und vielseitig! Sie müssen vor dem Verzehr gegart werden. Dazu ritzen wir die Kastanien auf der flachen Seite kreuzförmig mit einem scharfen Messer ein und rösten sie im Ofen in der Fettpfanne bei 200 Grad etwa 30 Minuten. Nach der halben Zeit wenden wir sie. Alternativ können Maronen auch in kochendes Wasser gegeben und 8-10 Minuten sprudelnd kochen gelassen werden, bis sich die Schale ablösen lässt. So heiß wie möglich schälen, dann geht es am besten. Man kann sie süß oder salzig zubereiten. Am liebsten knabbern wir Maronen noch warm oder bereiten mit Sellerie und/oder Kartoffeln, Brühe, Milch, etwas Butter und Gewürzen ein Püree daraus.

Bevor die ersten Nachtfröste einkehrten, wurde es Zeit im Garten, das letzte kälteempfindliche Gemüse zu ernten und einzulagern. Möhren, Pastinaken und anderes Knollengemüse ließen wir noch bis in den Winter hinein im Boden, für Kürbisse oder unsere am Anfang des Jahres aus Stecklingen gezogenen Süßkartoffeln wurde es aber höchste Zeit. Bei Frostschäden verlieren sie ihre Lagerfähigkeit. Das Kraut verfütterten wir an unsere Kaninchen, die sich mit Eifer darauf stürzen und die langen Ranken innerhalb kürzester Zeit restlos verspeisten. Offenbar waren auch sie besonders süß. Die Knollen haben manchmal witzige Formen: Sie sind gezwirbelt, gebogen oder länglich gezogen, es war also jedes Mal wieder eine Überraschung, welche Naturkunstwerke aus der Erde kamen.

Wie Kartoffeln ließen wir die geernteten Süßkartoffeln zunächst einige Tage ausgebreitet lufttrocknen und lagerten sie anschließend in Kisten in einer dunklen Scheunenecke ein. In der Verarbeitung sind Süßkartoffeln ähnlich wie Kartoffeln, mit dem Unterschied, dass sie auch roh und mit Schale genießbar sind. Beim Kochen werden sie schnell weich und verlieren an Aroma. Meistens bereiten wir sie daher im Ofen zu, es sei denn, wir wollen eine mehlige Konsistenz, etwa für Süßkartoffelpüree oder für Brotaufstriche.

Süßkartoffelauflauf
500 Gr. Süßkartoffeln
300 Gramm Karotten
1 Knoblauchzehe
1 Stück frischer Ingwer
2 Eier
1 Becher Sahne
100 ml Milch
100 ml Creme Fraiche
Pfeffer, geriebene Muskatnuss, Thymian
100 Gr. geriebener Bergkäse
Kürbiskerne zum Bestreuen

Die Süßkartoffeln und Karotten schälen und in dünne Scheiben schneiden. Abwechselnd in einer gefetteten Auflaufform schichten. Knoblauch und Ingwer fein hacken. Die Eier in einer kleinen Schüssel verquirlen. Sahne, Milch, Creme Fraiche, zwei Drittel des geriebenen Käses und die Gewürze hinzugeben und verrühren. Den Auflauf mit der Soße übergießen und mit dem Rest Käse bestreuen. Kürbiskerne auf die Käseschicht geben und im vorgeheizten Backofen ca. 45 Minuten bei 180 Grad überbacken. Den Auflauf eventuell abdecken, wenn die Käseschicht zu schnell braun wird.

Kürbisse sind ebenfalls kälteempfindlich, die letzten kleinen Exemplare jeder Saison ließen wir sie bei Zimmertemperatur nachreifen und lagerten sie erst ein, wenn sich der Stiel verkorkt hatte. Am häufigsten hatten wir Hokkaido-Kürbisse. Wir mögen den nussartigen Geschmack, sie haben eine gute Größe zur Verarbeitung, man muss sie nicht schälen und sie passen zu vielen Geschmacksrichtungen. Für scharfe Gerichte kann man sie mit Chili oder Ingwer kombinieren, für süße mit Honig oder Orangensaft, für süß-saure mit Essig oder Zitronensaft. Meist gare ich Kürbisspalten wie Süßkartoffeln im Backofen, anstatt sie zu kochen. Dadurch verdunstet das Wasser aus dem Gemüse, die Stücke sind nicht zu feucht und lassen sich besser verarbeiten. Beim regelmäßigen Brotbacken stelle ich eine Schale mit Kürbisspalten mit in den Ofen, wodurch das Brot - wie bei zeitgleich gegarten Kartoffeln - eine knusprigere Krume erhält. Püriert lässt sich Kürbis übrigens gut einfrieren.
Ein Kürbisaufstrich mit Pinienkernen, Olivenöl, Parmesan und Petersilie oder Koriander ist eine Köstlichkeit!

Kürbisaufstrich
400 Gramm Hokkaidokürbis
5 EL Olivenöl
50 Gramm Pinien- oder Sonnenblumenkerne
1/2 TL Pfeffer
1/2 TL Salz
20 Gramm geriebener Parmesankäse
Chiliflocken nach Geschmack
ggf. etwas Wasser

Einige Stängel glatte Petersilie

Kürbis in grobe Stücke schneiden, im Backofen garen und auskühlen lassen. Kerne in einer Pfanne ohne Fett anrösten. Kürbis, Pinienkerne und Olivenöl mit dem Pürierstab zu einer Paste mixen. Für eine bessere Streichfähigkeit ggf. etwas Wasser zugeben. Parmesankäse unterrühren und mit Chili, Salz und Pfeffer würzen. Zum Schluss die Petersilie fein hacken und unterheben. Der Aufstrich ist ein gutes Nebenprodukt, wenn man für eine Suppe oder eine Beilage sowieso einen (oft zu großen) Kürbis verarbeitet. Ich nehme dann die entsprechende Menge für den Aufstrich ab.

Winter kehrt ein

Waren die Nutzpflanzenareale abgeerntet, neu eingesät oder gemulcht, hatten wir die Hauptarbeit in unserem Naturgarten getan. Blätter oder abgestorbene Stängel von einjährigen Sommerblumen ließen wir weitestgehend liegen und stehen, denn sie bildeten im Winter eine wichtige Nahrungs- und Schutzquelle für die Tiere um uns herum. Lange Zeit war es sehr gewöhnungsbedürftig für uns, Flächen und Beete nach Ende der Wachstumszeit nicht „aufzuräumen". Es gehörte einfach dazu, herabgefallenes Laub zusammenzukehren und verwelkte Pflanzenteile abzuschneiden. Der Garten sollte schließlich „ordentlich" in die Winterpause gehen, so waren wir es gewohnt und so sieht man es noch viel zu oft in der Umgebung. Der Rasen ohne ein Blättchen, die Sträucher akkurat zurückgeschnitten und alles Braune säuberlich entfernt.

Nach und nach lernten wir jedoch, den Herbst und seine Veränderungen aus einer anderen Perspektive zu sehen. Nicht mehr aus der als arbeitsreiche Aufräumzeit mit vielen Bio-Abfällen, sondern als eine mit sinnvollen Schutzvorbereitungen der Natur auf die kommende Kälte. Wie Decken legt sie dicke Laubschichten über offene Flächen, die Käfer und Würmer ernähren und vielen Tieren als Winterquartier dienen. Auch Leuchtkäfer-Larven leben jahrelang in Laubhaufen, bevor sie sich in Glühwürmchen verwandeln. Im Sommer freuten wir uns regelmäßig, wenn wir sie zu Gesicht bekamen, also ließen wir die Blätter, wo sie waren, und entfernten nur zu dicke Schichten auf dem Rasen rund um unseren Sitzplatz. Das wiederum freute unsere Lamalpakas, wenn sie die leckeren Haselnussblätter genüsslich zermalmen durften. Schon ihr erwartungsvoller Blick war das Zusammenkehren wert!

Bis Mitte Oktober reinigten wir die Nistkästen in den Obstbäumen. Die letzte Brut von Meisen und Gartenrotschwänzchen war ausgeflogen und mögliche andere Bewohner wie Gartenschläfer waren noch nicht eingezogen. Gartenschläfer nutzen Meisenkästen ausgesprochen gerne für ihren Winterschlaf. Früher haben wir die Kästen erst im Frühjahr gesäubert, dabei aber mehr als einmal einen eingerollten, tief schlafenden

Bilch in seinem kuscheligen Nest aufgefunden. Gartenschläfer schlafen bis zu sieben Monate lang und so tief, dass sie sich auch durch eine massive Störung wie das Öffnen des Kastens nicht aufwecken lassen. Trotzdem tut es ihrem Kreislaufsystem ganz sicher nicht gut, durch die Störung „hochgefahren" zu werden, was unnötige Körperenergie verbraucht. Auch Insekten wie Wespen- oder Hummelköniginnen verbringen manchmal den Winter in einem Nistkasten. Meisen und andere Vögel suchen sie unabhängig von der Brut in besonders kalten Zeiten als Schutzbehausung auf.

Die Reinigung der Nistkästen war gleichzeitig eine Prävention gegen Milben, Federlinge oder anderes Ungeziefer. Die Parasiten überwintern im Nistmaterial und befallen im nächsten Jahr die neue Generation Meisen. Den Vögeln macht es übrigens nichts aus, wenn ihre ehemalige Brutstätte ausgeräumt wird. Bis auf ganz wenige Arten (wie zum Beispiel Mauersegler) bauen sie jedes Jahr ein neues Nest. Wurde das alte nicht entfernt, stocken zum Beispiel Meisen einfach auf oder suchen sich einen anderen Nistplatz.

Im ersten Jahr hatten wir voller Elan mehrere Nistkästen in den alten Apfelbäumen und katzensicher an hohen Mauern aufgehängt. Nicht alle wurden bezogen, was uns damals gewundert hatte. Uns kam der Standort ideal vor, den potenziellen Bewohnern aber offensichtlich nicht. Auch hier wurden wir mit der Zeit schlauer, denn wie wir lernten, spielt die Ausrichtung des Einfluglochs eine entscheidende Rolle. Zeigt es zur Wetterseite, meiden Vögel oft den Kasten, ebenso wenn er in der prallen Sonne hängt oder das Einfluglochnach Süden zeigt. Einflugöffnungen zeigen am besten nach Norden, Nordosten oder Osten.

Und auch wenn es nachts schon leichte Fröste gab, konnten wir noch ernten. Viele Wurzel- und Knollengemüse vertragen Frost und sind am besten im Boden aufgehoben, solange er noch nicht durchgefroren ist. Unser neuentdecktes Lieblingsgemüse Mangold schenkte uns bis zum ersten Dauerfrost zuverlässig kräftige Blätter, und sogar gefroren geerntet büßten sie nicht an Geschmack ein.

Erst vor dem ersten Dauerfrost kamen unsere Möhren aus dem Boden. Zwar sind sie durch verschiedene Sorten inzwischen fast ganzjährig verfügbar, aber wenn die Ernte im Herbst und Winter insgesamt weniger wurde, freuten wir uns besonders, frische Farbe direkt aus der Erde auf den Tisch zu bekommen. Deshalb schoben wir den Termin soweit es ging hinaus und manchmal, wenn der Winter sehr mild war, blieben sie sogar bis zum Frühjahr an Ort und Stelle.

Eines der Wintergemüse, auf das wir uns das ganze Erntejahr freuten, war die Pastinake. Sie hat eine lange Kulturdauer, denn sie wird schon etwa ab März gesät und ab Oktober geerntet. Im Gegenzug kann man sie praktisch den ganzen Winter hindurch frisch aus dem Boden holen, sofern dieser nicht durchgefroren ist. Leichter Frost tut ihnen sogar gut, denn erst dann entfalten sie ihr volles Aroma mit der Mischung aus Karotten, Sellerie und Petersilienwurzel. Die Pastinake ist ein uraltes heimisches Gemüse, das auch bekannt ist unter den Namen Germanenwurzel und Hammelmöhre. Früher wuchs sie wild auf den Wiesen, wurde von den Römern kultiviert und war lange Zeit ein winterliches Grundnahrungsmittel. Erst als die Kartoffel ihren Siegeszug in Europa antrat, geriet die langsam wachsende Pastinake in Vergessenheit. Pastinaken sind zweijährig. Im ersten Jahr speichern die alle Kraft in den rübenartig verdickten Pfahlwurzeln, im zweiten Jahr bilden sie wie Dill, Petersilie oder Sellerie Doldenblüten aus, die Samen produzieren. Einige wenige Pastinaken ließen wir daher zur Samengewinnung im nächsten Jahr stehen. Wie bei der Petersilie auch, verlieren die Samen nach etwa einem Jahr deutlich an Keimkraft, so dass wir darauf achteten, möglichst regelmäßig neues Saatgut zu gewinnen.

Nachhaltige und genussvolle Weihnachten

Lange Winterabende empfinden wir nie als langweilig und tatenlos. Für uns bedeuten sie Zeit für Kreatives, für Upcycling oder die Entwicklung neuer Ideen. Wir nutzen die frühe Dunkelheit gezielt für Dinge, "die wir schon immer mal machen wollten". DIY lässt grüßen. Die Zeit, die man sich dafür nimmt, ist auch Zeit für sich selbst. Wohlfühlzeit. Ich probiere neue Rezepte aus und versuche mich an Produkten, die in unsere Selbstversorgung integriert werden könnten. Bin ich mit dem Ergebnis zufrieden, nehme ich es in unser Repertoire auf, bin ich es nicht, habe ich es ausprobiert und bin meiner Passion eines ressourcenschonenden Lebens wieder mit Spaß nachgegangen.

Zur Ressourcenschonung gehört für uns auch die Aufarbeitung älterer Gegenstände und Kleinmöbel. Wir kaufen gern gebrauchte Dinge auf Flohmärkten oder über Kleinanzeigen. Vieles Alte hat einfach einen besonderen Charme, ist qualitativ hochwertiger und lohnt die Mühe der Restaurierung. Auf dem Hof kombinierten wir diese Schätzchen mit modernen Wohnelementen und achteten auf den Kontrast, damit das alte Haus nicht irgendwann wie ein einziges großes Museum wirkte. Jedes Teil hatte seine Geschichte, und auch wenn die Aufarbeitung aufgrund fehlender Übung nicht perfekt war, waren wir stolz auf die Individualität.

Auf die Advents- und Weihnachtszeit freuten wir uns jedes Jahr, denn geschmückt mit Lichtern und Weihnachtsdekoration vertrieben wir den letzten Rest „Novemberblues". Der Hof strahlte an vielen Stellen goldgelb im Lichterschein, und die warmen Farben brachten Gemütlichkeit in die Räume.

Auch bei der Weihnachtsdeko legen wir Wert auf Nachhaltigkeit. Am liebsten schmückten wir mit Naturmaterialien. Mit heimischen Immergrünen wie Tannenreisig, Efeu oder Buchsbaum dekorierten wir Jahr für Jahr geflochtene Weidekränze, immer wieder anders, individuell, abwechslungsreich. Auf der Fensterbank blühten Weihnachtskakteen, die das ganze Jahr anspruchslos und geduldig auf ihren farbenprächtigen Auftritt im Dezember warteten.

Wir hatten keinen Tannenbaum im Innenbereich, denn den in Monokulturen gezogenen, oftmals gespritzten Bäumchen in der trockenen Heizungsluft beim langsamen Vertrocknen zuzusehen, entsprach nicht unseren ökologischen Vorstellungen. Früher waren Weihnachtsbäume noch ein Nebenprodukt der Forstwirtschaft und stammten in der Regel aus den heimischen Wäldern. Der riesige Bedarf kann aber schon lange nicht mehr auf diese Art gedeckt werden, zumal die Kundschaft meist sattgrüne, möglichst gerade gewachsene und dichte Bäume wünscht. Für dieses intensive Grün brauchen die Bäume viel Dünger. Etwa jeder zehnte Christbaum, der in Deutschland verkauft wird, kommt aus dem Ausland, massenhaft gezogen in Plantagen und oftmals mit viel Chemie. Lieber stellten wir also im Freien einen unbehandelten Baum auf, den wir aus einer Schonung in der Umgebung bezogen. Er musste nicht perfekt sein, weder im Wuchs noch in der Farbe. Im Gegenteil empfinden wir einen asymmetrischen Baum sogar als etwas Besonderes. Einen biologisch gewachsenen Baum erkennt man übrigens oft an vernarbten Kerben an der Baumspitze. Durch regelmäßiges Einkerben wird der Baum dazu gebracht, eher buschig zu wachsen als in die Höhe zu schießen.

Wir schmückten unseren Weihnachtsbaum im Hof vor dem Fenster und genossen ihn, bis er nach den Feiertagen unserem Permakulturkreislauf übergeben wurde. Größere Äste im unteren Bereich schnitten wir ab und nutzten sie als Verstecke in unserem Wachtel- und Kaninchenstallstall, der Rumpf wanderte zu unseren Lamalpakas. Ziegen, Schafe und Kameliden lieben (Nadel-)Bäume, wenn es im Laufe des Winters immer weniger Grünfutter auf ihrer Weide gibt. Sie knabbern an Nadeln und Rinde und schubbern sich an den Ästen. Entnadelt und in Teilen entrindet schredderten wir zum Ende des Winters die letzten Äste als Mulchmaterial für unsere Gartenwege und trockneten den Stamm als Feuerholz für das nächste oder übernächste Jahr.

In vielen Ländern werden immergrüne Mistelzweige als Weihnachtsdekoration aufgehängt. In Deutschland ist diese Tradition nicht sehr weit verbreitet, dabei ist es ein sehr naturnützlicher Schmuck. Bei Misteln handelt es sich nämlich um sogenannte Halbparasiten, die ihrem Wirtsbaum Wasser und Nährstoffe entziehen. In Deutschland werden Misteln laut NABU zunehmend zur Gefahr auch für Obstbäume. Warum also nicht das Nützliche mit dem Schönen verbinden und der Tradition folgend einen Mistelzweig zum Beispiel in den Türrahmen hängen? Man sagt, dass es Paaren Glück bringt, wenn sie sich unter einem Mistelzweig küssen. Schon bei den Kelten galten Mistelzweige als heilig und als Symbol des Friedens, unter dem sich Feinde versöhnten. Dass sie wie oft angenommen unter besonderem Schutz stehen, ist laut NABU falsch, sie dürfen geschnitten werden. Da die weißen Scheinbeeren allerdings vielen heimischen Vogelarten als Winterfutter dienen, sollte man Misteln nur dort schneiden, wo sie ein Problem für den Wirtsbaum darstellen.

Die draußen sonst eher blütenarme Zeit rund um Weihnachten fingen wir auch gern mit Christrosen auf. Statt der häufig angebotenen klassischen Weihnachtssterne, die sehr empfindlich sind und im zweiten Jahr nur mit einer ganz speziellen, aufwändigen Pflege wieder ihre farbenprächtigen Hochblätter bekommen, empfinden wir Christrosen als deutlich nachhaltiger. Zuerst standen sie draußen vor dem Fenster im Topf, später wurden sie in den Garten in eine halbschattige bis schattige Ecke und am besten in kalkhaltigen Boden gepflanzt. Wild wachsen Christrosen in Deutschland nur in einem kleinen Gebiet in Bayern. Die Staude ist nach der Bundesartenschutzverordnung besonders geschützt und steht auf der Roten Liste der gefährdeten Pflanzen. Wilde Sorten blühen erst ab Januar, spezielle Züchtungen dagegen schon ab November.

Die Abende in der Adventszeit nutzte ich gern zum Herstellen typisch weihnachtlicher Produkte. Zimt, Nelken, Sternanis und Kardamom brachten mit ihren besonderen Aromen Weihnachtsstimmung. Es gab Kekse und Kuchen, aber auch Getränke und Marmeladen, die anders gewürzt waren als den Rest des Jahres. Es machte einfach Spaß, sich mit Zutaten zu beschäftigen, die sonst eher eine untergeordnete Rolle bei uns spielten. Bratapfelmarmelade gab es nur einmal im Jahr, dann aber haben wir sie in vollen Zügen genossen!

Bratapfelkonfitüre

1500 Gramm säuerliche Äpfel
1 Zitrone
50 Gramm gehackte Mandeln
300 ml Apfelsaft
1 Päckchen Vanillezucker
1 Messerspitze. Zimt
100 Gramm Rumrosinen
1000 Gramm Gelierzucker (1:1)
Den Backofen auf 200 Grad (Umluft) vorheizen. Die Äpfel schälen, entkernen und in Würfel schneiden. Die Zitrone auspressen und die Hälfte des Safts über die Äpfel geben, damit sie nicht braun werden. Zusammen mit den gehackten Mandeln in den Backofen geben und ca. 20 Minuten backen. Etwas erkalten lassen und mit den übrigen Zutaten zu Konfitüre kochen.

Auch Marzipan kann man wunderbar selbst herstellen. Das Rezept habe ich in meiner Koch-AG in der Schule bekommen als ich etwa 13 Jahre alt war. In Kinderschrift steht es in meinem Rezepteordner, verbunden mit vielen Erinnerungen:

Marzipankartoffeln

200 Gramm Mandeln (alternativ fertiges Mandelmehl)
200 Gramm Puderzucker
Saft von einer halben Zitrone
3 EL Rosenwasser (aus dem Reformhaus oder der Apotheke)
3 Tropfen Bittermandel
50 Gramm Speisestärke
1 Prise Salz
20 Gramm Kakao
Die Mandeln in kochendem Wasser abbrühen, abziehen und trocknen lassen. Mit einer Mühle oder dem Multizerkleinerer ganz fein hacken. Das Mandelmehl in eine Schüssel geben. Mit den übrigen Zutaten bis auf den Kakao zu

einem geschmeidigen Teig verarbeiten. Kirschgroße Kugeln formen und im Kakao wälzen.

Natürlich war auch bei uns Plätzchenbacken zum Anfang der Adventszeit angesagt. Vanillezucker dafür stellen wir schon seit Jahren selbst her. In der Weihnachtszeit kaufen wir naturbelassene Vanilleschoten, schneiden sie der Länge nach auf und kratzen das Fruchtmark heraus. Die Schote selbst schneiden wir in kurze Stücke und geben alles zusammen in ein Glas mit Kristallzucker. Das Vanillearoma zieht nach und nach aus der Schote in den Zucker und verleiht ihm den typischen Geschmack. Im Winter hergestellter Vanillezucker hält bis zur nächsten Saison.

Im Dorf gab es in der Adventszeit einen winzigen Weihnachtsmarkt mit genau zwei Hüttchen. Das reichte für die Geselligkeit. Man traf sich unkompliziert, trank ein, zwei, drei… Becher Glühwein und aß eine Bratwurst oder ein Steakbrötchen vom Grill. Im ersten Jahr waren wir ziemlich schüchtern, auf den liebevoll geschmückten kleinen Platz hinter der alten Schule zu gehen, wollten aber natürlich neue Kontakte knüpfen. Zunächst standen wir etwas verloren mit unseren Tassen herum, bis uns ein älteres Ehepaar ansprach. „Kommt doch zu uns, hier muss keiner allein stehen", riefen sie rüber, und das Eis war gebrochen. Wir gesellten uns zu ihnen und nach und nach erweiterte sich der Kreis mit Dorfbewohnern jeden Alters. Es wurde ein ausgesprochen feuchtfröhlicher, kurzweiliger Abend und beseelt wankten wir nach diesem unerwarteten Einstieg ins Dorfleben nach Hause. Diesem Abend folgten noch viele weitere. Auf dem Lande wird ja bekanntlich gern und kräftig gefeiert.

Die Feiertage und die Zeit „zwischen den Jahren" verbringen wir tatsächlich ohne Stress. Wir haben es geschafft, uns – mit Ausnahme der Kinder – keine Geschenke zu machen, nicht einmal die berühmten „Kleinigkeiten". Wir schenken uns das, was uns am wertvollsten ist: Zeit und Ruhe. Kein Shoppen auf die letzte Minute, keine Geschenkeflut mit mehr oder weniger gewünschten Dingen und keine sich bildlich unter Speisen biegenden Tische. Wir überlegen uns, was wir an den Festtagen gern essen wollen und kaufen entsprechend früh das Fehlende ein bzw. nehmen es aus unseren noch gut gefüllten Vorratsregalen. Gemütlichkeit und Wohlfühlen stehen im Vordergrund. Die Feiertage gehören nur uns, der Familie und guten Freunden, mal mit mehr, mal mit weniger Personen. Wie es gerade so passt.

Wunderbare Weihnachtszeit!

Winterruhe

Neues Jahr, neue Vorsätze. Natürlich braucht es dafür nicht unbedingt so ein Datum wie Silvester, aber in Zeiten von Rückblicken und Resümees hinterfrage ich bewusster das ein oder andere, das sich in den Alltag eingeschlichen hat. Unser Leben besteht zu großen Teilen aus Gewohnheiten, was ja grundsätzlich vorteilhaft ist, denn so können wir mehrere Dinge gleichzeitig erledigen, ohne uns besonders auf das Einzelne zu konzentrieren. Wir können uns unterhalten oder über etwas nachdenken, während wir uns ein Brot schmieren oder im Haushalt arbeiten, weil wir diese Tätigkeiten schon so oft „geübt" haben, dass wir nicht mehr auf die Abläufe achten müssen. Bei schlechten Angewohnheiten ist es genauso: Sie haben sich irgendwann eingeschlichen, und wir denken nicht mehr darüber nach, was wir gerade tun und vor allem auf welche Art und Weise wir es tun. In unserer Entwicklung zu einem bewussten und möglichst nachhaltigen Leben fielen uns immer wieder Dinge auf, deren Änderung gar nicht so schwer war, die uns aber weiter zum Beispiel in Richtung Kunststoffreduktion und Müllvermeidung brachten. Reis mit einer Reiskugel zu kochen, anstatt den bequemen Kochbeutel zu nehmen oder Vorräte in Gläsern anstelle von Kunststofftüten und Folien aufzubewahren bzw. einzufrieren waren kleine Beispiele dafür. Ein paar Wochen achteten wir bewusst darauf, unsere Gewohnheit umzustellen und irgendwann wurde das Neue zum Selbstverständlichen.

Auf dem Hof gab es im tiefen Winter verhältnismäßig wenig zu tun. Die Wildtiere ruhten oder sparten ihre Energie durch angepasstes Verhalten. Wir wollten sie nicht stören und gingen auch bei mildem Wetter keine größeren Aufräumarbeiten an. Fledermäuse und Gartenschläfer waren den Winter über ganz verschwunden, sie hielten ihren Winterschlaf in den Gewölben und versteckten Ecken auf dem Hof, die wir oft nicht kannten. Von Natur aus wachen sie in Abständen kurz auf und heizen ihren Stoffwechsel etwas an, um lebenswichtige Funktionen im Körper nicht zu beeinträchtigen. So ein Aufwachen wollten wir nicht künstlich durch eine Störung erzeugen, denn es kostet wertvolle Energie, die die Tiere den langen Winter über mit wenig bis ohne Nahrungsaufnahme nicht unbegrenzt haben.

Wechselwarme Tiere wie Schlangen, Eidechsen, Schmetterlinge und Käfer haben anders als die Winterschläfer keine Möglichkeit, ihren Körper aktiv aufzuheizen. Lebensnotwendig ist es also, dass ihr Versteck frostsicher ist und bleibt, so dass wir keine Laubhaufen abtrugen bzw. glätteten oder abgestorbenes Pflanzenmaterial abschnitten. Marienkäfer und einige Schmetterlingsarten überwintern als adulte Tiere in geschützten Spalten oder Höhlen. In unserem Gewölbekeller, in dem sich auch die Fledermäuse wohl fühlten, hingen in den Wintermonaten viele Admirale kopfüber von der Decke. Mit zusammengeklappten Flügeln waren sie in der Dunkelheit kaum auszumachen und verharrten, bis im Frühjahr die Temperaturen wieder stiegen.

Unsere Obstbäume bekamen einen Weißanstrich, der sie vor Frostschäden schützen sollte. Sonnige, klare Wintertage mit darauffolgenden kalten Nächten, wie sie oft im Spätwinter herrschen, können gerade junge Obstbäume stark schädigen. Die Sonnenstrahlen werden von der dunklen Rinde absorbiert, die Rinde heizt sich auf. Durch nächtliche Minusgrade entsteht dann ein so starkes Temperaturgefälle, dass es zu Frostrissen im Stamm kommen kann, die den Baum schwächen. Ein heller, kalkhaltiger Anstrich an Stamm und Kronenansatz, der die Sonnenstrahlen reflektiert, beugt dem vor. Gleichzeitig verhindert der Weißanstrich, dass ein zu früher Saftstrom im Baum angeregt wird, der zum schnellen Austreiben der Blüten führen kann. Späte Nachtfröste lassen sie dann erfrieren.

Auch wenn es bereits in den Fingern juckte, für das Vorziehen der meisten Gemüsepflanzen ließen wir uns möglichst viel Zeit. Den Minivorsprung einer Februaraussaat bei deutlich weniger Tageslicht holen Märzaussaaten spielend auf und wachsen außerdem meist kräftiger und gesünder heran. Ausnahmen bildeten nur Chili, Paprika, Artischocken und Physalis, die lange brauchen, bis sie keimen und anfangs zögerlich wachsen. Und auch Ingwer bietet sich für eine frühe Kultur an. Wir verwenden gern und viel Ingwer, am liebsten in asiatischen Gerichten oder als Sirup. Der meiste Ingwer aus dem Handel kommt aus China und Peru. Um auch hier unnötige Transportwege zu vermeiden, haben wir ihn selbst gezogen, was recht unkompliziert ist. Bei der Herstellung meines liebgewonnenen Ingwersirups achte ich auf Vegetationsknoten im Rhizom. Bei Ingwerstücken handelt es sich nämlich nicht um Wurzeln oder Knollen, sondern um Rhizome. Botanisch gesehen sind sie die Sprossachsen bzw. die Stängel der Pflanze. Aus ihnen wachsen die bambusartigen Blätter und Blüten, die man später über der Erde sieht und die mehr als einen Meter hoch werden können. Vegetationsknoten nennt man die grünlich-gelben „Augen", die aus der Rhizomrinde herauswachsen. Am besten für die Nachzucht geeignet sind Endstücke mit besagten Vegetationsknoten. Die Knollen sollten möglichst prall und fest sein, dann hat das Rhizom ausreichend Kraft für die Austreibung. Man schneidet etwa 5 cm große Stücke ab und legt sie über Nacht in warmes Wasser. Dann pflanzt man sie in Töpfe mit humusreicher Erde. Die Pflanzgefäße sollten eher flach als tief sein, denn das Rhizom breitet sich mehr seitwärts aus als in die Tiefe. Die Stücke werden ca. zwei Zentimeter mit Erde bedeckt und feucht gehalten. Nicht zu viel gießen, da das Rhizom sonst fault. Als tropische Pflanze wächst Ingwer am besten an einem warmen, jedoch nicht dauerhaft sonnigen Platz. Wir haben mal eine kleine Versuchsreihe gemacht, um festzustellen, wo die eingepflanzten Rhizome am besten keimen. Einige Töpfe haben wir in einem kleinen Balkonkasten direkt auf den Heizkörper gestellt, einige auf die Fensterbank direkt über die Heizung und einige an einen hellen Platz bei Zimmertemperatur. Am besten hat die Keimung auf der warmen Fensterbank funktioniert. Auf der Heizung direkt ging auch, allerdings mussten wir das Substrat genauer beobachten, weil es schneller austrocknete. Eine hohe Luftfeuchtigkeit begünstigt das Wachstum ebenfalls, so dass man als Keimhilfe ein umgestülptes Weck-Glas wie ein Gewächshaus über die Pflanztöpfchen stellen kann. Meist dauert es mehrere Wochen, bis der Ingwer sichtbar austreibt, aber wenn sich erst einmal eine Pflanze gebildet hat, kann man ihn in den Sommermonaten sogar draußen kultivieren.

Nach Erfahrungen eines Landwirts in Franken soll sich peruanischer Ingwer besser für einen Freilandanbau eignen als chinesischer. Außerdem haben sich die Peruaner etwas mehr auf den Anbau von Bio-Ingwer spezialisiert, weshalb ich diese Herkunft bevorzuge, wenn ich zukaufen muss.

Wenn sich die Blätter gelb verfärben, ist der Ingwer reif. Man gräbt das gesamte Rhizom aus, reinigt es grob vom Erdreich und lässt es antrocknen. Von Stellen mit Vegetationsknoten kann man wieder neue Pflanzen ziehen.

Im Winter arbeite ich viel mit Zitrusfrüchten. Zwar haben sie auch weite Wege aus dem Mittelmeerraum hinter sich, immerhin aber ist der Transportweg im Winter „nur" interkontinental im Gegensatz zu den Sommermonaten, in denen Orangen, Zitronen und Co. meist aus Südamerika oder Südafrika kommen.

Zur Stärkung des Immunsystems gibt es bei uns oft frisch gepressten Saft, am liebsten aus Orangen und Mandarinen bzw. Clementinen. Der Unterschied zwischen Mandarinen und Clementinen ist übrigens, dass letztgenannte keine oder nur wenige Kerne haben.

Zitronensaft verwende ich für Sirup oder presse ihn auf Vorrat und friere ihn in Eiswürfelbehältern oder Schraubgläsern ein. Die (unbehandelte) abgeriebene Schale nehme ich zur Herstellung von Lufterfrischern oder friere sie ebenfalls auf Vorrat in einem Döschen ein. Abgeriebene Zitronen- oder auch Orangenschale ist eine hervorragende aromatisierende Zutat in vielen Süßspeisen. Zur Herstellung von Zesten sollten die verwendeten Zitrusfrüchte unbedingt frisch sein. Je frischer und reifer sie sind, desto mehr ätherische Öle sind in ihrer Schale gebunden, die den typisch frischen Geruch ausmachen. Man hobelt die Zitrusfrucht mit einer kleinen Küchenreibe oder mit einem Sparschäler ab. Die weiße Haut sollte in beiden Fällen nicht mit abgerieben werden, weil darin Bitterstoffe enthalten sind.

Äußerlich angewendet haben Zitronen eine natürlich reinigende Wirkung. Rote Beete und Rotkohl zum Beispiel verfärben die Hände beim Verarbeiten durch ihre Pflanzenfarbstoffe, Zitronensäure hellt die Flecken wieder auf. Dazu am besten die Hände mit einer halben Zitrone einreiben und anschließend abwaschen. Sie hilft auch gegen Zwiebel- oder Knoblauchgeruch an den Händen. Halbe Zitronen in der Geschirr- spülmaschine können industriell hergestelltes Reinigungsmittel erset- zen. Im Besteckkorb oder aufgepickt auf eine Tellerhalterung sorgen sie bei einem Reinigungswaschgang für einen frischen Duft und entkalken die Maschine gleichzeitig auf natürliche Weise.

Die Advents- und Weihnachtszeit ist die Zeit der Schoko-Nikoläuse, Weihnachtsmänner und -figuren. Gerade mit jüngeren Kindern kommen sie gefühlt von überall her. Für übrig gebliebene Weihnachtsmänner (und später natürlich auch Osterhasen und -eier) habe ich ein schönes Rezept für einen selbstgemachten Schoko-Brotaufstrich, der schnell und einfach herzustellen ist.

Schoko-Aufstrich
150 Gramm Haselnüsse
250 Gramm Schokolade
100 Gramm Butter
20 ml Milch
1 Prise Salz
Zuerst werden die Nüsse im Backofen bei 180 Grad Umluft ca. 15 Minuten geröstet. Das muss nicht unbedingt in direkter Vorbereitung für die Schokocre- me erfolgen, ich habe geröstete Nüsse eher auf Vorrat. Meist schiebe ich ein Blech mit selbstgeknackten Haselnüssen aus unserem Garten einfach mit in den Ofen, wenn ich Brot oder Kuchen backe. Die Temperatur ist bei der Röstung nicht so entscheidend, die Nüsse dürfen nur nicht zu braun werden. Noch warm wird die Haut abgerieben, was ich in meiner Küchenmaschine mit dem Knethaken mache.
Für die Schokocreme werden die Nüsse sehr fein gemahlen. Alternativ zu gan- zen Haselnüssen kann man natürlich auch industriell gemahlene Haselnüsse nehmen, dann aber fehlt das typische Röstaroma.
Die Schokolade wird unter Rühren zusammen mit der Butter im Wasserbad geschmolzen und mit den übrigen Zutaten vermischt. Noch warm fülle ich ihn in Schraubgläser und fertig ist der Aufstrich.

Es geht wieder los!

In der klimatisch günstigen Lage an der Nahe erlebten wir etwa Ende Februar die ersten milden Vorfrühlingstage und fanden Anzeichen prallen Wachstums, das bevorstand. Schneeglöckchen und gelb blühende Winterlinge auf der sonst noch grauen Wiese streckten ihre Blüten tapfer in die Höhe, Haselnuss, Kornelkirsche und Weidenkätzchen weckten erste Frühlingsgefühle. Spätestens von dem Moment an scharrten wir mit den Füßen, endlich wieder im Garten loszulegen, aber die Temperaturen waren einfach noch zu niedrig. Die Beete mussten noch bis März zugedeckt bleiben, damit die hoffentlich zahlreichen Mikroorganismen auch bei den ersten wärmeren Sonnenstrahlen die weiterhin kalten bis frostigen Nächte gut überstanden. Wichtig war nur der Zier- und Obstbaumschnitt, bevor die Pflanzen austrieben. Durch den Klimawandel geschieht das immer früher, so dass wir uns im Februar sputeten, den Schnitt abzuschließen. Nach dem ersten März dürfen Hecken und Bäume nicht mehr geschnitten werden, um Vögel nicht bei ihrer Brut zu stören.

Geschnittene Obstbäume bleiben länger gesund als ungeschnittene. Durch die Auslichtung wird dafür gesorgt, dass Licht und Luft ins Kroneninnere gelangen. Blätter und Rinde trocknen schneller nach einem Regen und entziehen damit vor allem Pilzkrankheiten die Lebensgrundlage eines feucht-warmen Klimas. Neben der Gesundheit erhöht der Schnitt die Qualität der Früchte. Obst im Kroneninneren bekommt mehr Sonne, die Früchte werden größer und süßer.

Beerenobst sollte ebenfalls möglichst bis Mitte Februar geschnitten sein, denn bei milder Witterung treiben Johannisbeeren und Co. schnell aus. Rote und schwarze Johannisbeeren lichteten wir bis auf etwa zehn starke Leittriebe aus, Stachelbeeren auf einige Haupttriebe mit jeweils drei oder vier Seitentrieben. Abgestorbene Triebe und solche, die bereits getragen hatten, nahmen wir heraus. Bei schwarzen Johannisbeeren und Stachelbeeren sind das die einjährigen, rote Johannisbeeren tragen an den zwei- bis dreijährigen Trieben.

Zum Ende des Winters schützten wir unsere Aprikosen- und Pfirsich-bäumchen gegen zu frühes Ausschlagen. Gerade die Aprikose hat grundsätzlich kein Problem mit besonders kalten Wintern oder gluthei-ßen Sommern. Beides kennt sie aus ihrer ursprünglichen Heimat, der zentralasiatischen Steppe. Probleme bereitet ihr aber das mitteleuropä-ische Frühjahr mit seinen typischen Temperaturschwankungen. Sobald sich warme Tage zwischen das nasskalte Schmuddelwetter schmuggeln, schaltet die Aprikose auf Sommer um. Frischer Pflanzensaft strömt in die Äste, die Blüten öffnen sich – und erfrieren jämmerlich beim nächs-ten Nachtfrost. Wir versuchten daher, die Winterruhe möglichst lange hinauszuzögern und umwickelten Stamm und Krone unserer zugegebe-nermaßen in der Größe überschaubaren Bäumchen mit Kälteschutzvlies. Die Baumscheibe bedeckten wir mit einer extradicken Mulchschicht, damit sie sich langsamer erwärmt.

Ansonsten versuchten wir immer noch, trotz großen Tatendrangs nicht zu viel im Garten „aufzuräumen". Viele abgestorbene Pflanzenstengel, Fruchtstände, Gräser oder Blätter waren noch genutztes Überwinte-rungsquartier für Insekten oder Eiablageort für den Schlupf im nächsten Frühjahr. Die schützende Behausung wollten wir ihnen nicht nehmen und ließen so viel alte Pflanzenmasse stehen wie möglich, ohne dass unser Garten verwahrlost wirkte. Zitronenfalter zum Beispiel überwin-tern als adulte Tiere außerhalb von Nischen und Höhlen. Man hält sie für tot, wenn man sie gänzlich unbeweglich an Ästen hängen sieht, da-bei sind sie in tiefer Winterstarre. Um nicht zu erfrieren, bilden sie in ihren Körpern vor den ersten Frösten Stoffe, die ein Platzen ihrer Zellen durch die Wasserausdehnung verhindern. Entsprechend früh im Jahr sind sie wieder unterwegs, wenn die Sonne ihre Körper ausreichend erwärmt hat.

Die letzten winterlichen Tage nutzten wir daher gern für Wanderungen und Spaziergänge. Mit oder ohne Harry und Socke genossen wir die Kunstwerke, die die Natur aus Eis und Schnee immer wieder anders erschuf. Gefrorene Wege, Eis und mit Glück auch Schnee hatten ihren besonderen Reiz, gerade wenn wir uns vorstellten, dass das alles bald wieder satten, leuchtenden Farben und Wärme weichen sollte. Wir suchten immer gern nach ersten Zeichen dieses Umschwungs. Hier ein paar Schneeglöckchen, die ihre kleinen Hängeblüten in die kalte Luft schoben, dort ein paar Winterlinge, die uns leuchtend gelb zeigten, was für schöne Blütenteppiche bald wieder kommen würden.

Und dann war er endlich da, der erste Frühlingstag mit milden Temperaturen und der schwer vermissten wärmenden Sonne. Das erste Mal wurde es zu warm in der dicken Jacke. Wir freuten uns sehr auf den natürlichen Kreislauf, der mit all seinen Facetten wieder in eine neue Runde startete und konnten es kaum erwarten, all die Tätigkeiten fortzusetzen, die uns eine gesunde, nachhaltige und glückliche Lebensweise ermöglichten.

Aber es sollte anders kommen.

Niemand hätte je gedacht...

Kurz nach unserer Hofübernahme im Dezember 2019 änderte sich die Welt: Corona, der Ukraine-Krieg, steigende Energiekosten, Inflation, Lieferengpässe. Unvorhersehbare und bis dahin auch unvorstellbare Ereignisse, die die Welt dauerhaft und nachhaltig veränderten. Auch uns trafen diese Krisen empfindlich. Unser Haus hatte 170 Quadratmeter Wohnfläche und war altersbedingt sehr schlecht isoliert. Zur Zeit der Hofübernahme war die Nutzung fossiler Brennstoffe auf dem Land noch selbstverständlich und bezahlbar. Öl und Gas aus Russland strömten, eine „Heizungsdebatte" gab es noch nicht. Beim Kauf waren wir uns der Größe des Hauses und der damit verbundenen Energiekosten durchaus bewusst, wir kalkulierten sie ein und planten Heizung und Energieversorgung umzurüsten, wenn die gröbsten Renovierungsarbeiten abgeschlossen und wieder etwas mehr Geld im Portemonnaie vorhanden sein würde. Lieferengpässe für Baumaterialien oder Handwerkermangel waren noch nicht üblich.

Im Winter 2022 dann, als die Energiekrise auf ihrem Höhepunkt war, sparten auch wir, wo wir nur konnten. Klar heizten wir schon zum Schutz vor Schimmelbildung gleichmäßig mit nicht zu unterschiedlichen Raumtemperaturen. Es kam für uns nur nicht infrage, 170 ungedämmte Quadratmeter dauerhaft kuschelig warm zu halten, wie es in einer gut isolierten Wohnung möglich ist. Aber das Haus war kalt, so kalt! Es zog gewaltig durch die Sandsteinmauern, und Fenster und Türen waren alt. Eine energetische Sanierung war für uns finanziell nicht zu stemmen, dafür hatte die Bausubstanz zu viele Schwachstellen und Kältebrücken. Darüber hinaus hatten wir inzwischen mehrfach eigene Erfahrungen gemacht mit den explodierenden Preisen für Baumaterialien und den Schwierigkeiten, überhaupt einen Handwerker für eine Aufgabe zu finden, die wir beim besten Willen nicht selbst erledigen konnten. Gerade bei der Heizung waren wir froh, dass ein ortsansässiger Betrieb unser „Schätzchen" aus den 90er Jahren betreute, weil er es schon die letzten 30 Jahre getan hatte. Mehr konnten wir nicht erwarten, weitere Anfragen wie zum Beispiel für die Instandsetzung eines maroden Wasseranschlusses blieben unbeantwortet. Bis zum Schluss hatten wir kein flie-ßendes Wasser im Stall, weil es niemanden gab, der die Leitungen fachmännisch austauschen wollte oder konnte.

Unter der Haustür konnte man durch einen Spalt auf den Innenhof sehen, was sich auch mit einem professionell eingebauten „Kältefeind" nicht beheben ließ, ohne den wertvollen Terrazzoboden aus dem Jahr 1906 zu beeinträchtigen. Zur Scheune neben der Küche gab es anfangs hinter einer einfachen Innentür nur ein großes Tor aus einfachen Brettern. Im Dachgeschoss bildete eine niedrige Holztür aus sehr frühen Hofzeiten die einzige Trennung zum gänzlich unisolierten Speicher. Das ganze Haus war ein einziger Kamin, und den Luftzug spürte ich an den Füßen und sogar an der Nasenspitze, wenn ich in der Küche arbeitete oder in den Fluren unterwegs war. Meine Kleidung auf dem Stuhl neben unserem Bett war morgens eiskalt, wenn ich sie anzog. Die aus dem Schrank, der an einer Außenwand stand, war noch kälter. Noch schlafwarm zog ich mich meist sitzend im Bett an, mehrere Schichten übereinander. Alles musste erst mit Körperwärme gewärmt werden, bevor ich mich wohlfühlte und nicht mehr fror. Geduscht habe ich nur, wenn die Temperatur danach war. Jeden Morgen war das eine neue Herausforderung, erst recht, weil es mir wichtig ist, schnell mal in ein beliebiges Kleidungsstück zu schlüpfen und den Tag zielstrebig zu beginnen. Hier bedeutete Aufstehen aus dem warmen Bett immer eine Überwindung. Als ich eines Tages meine Nachbarin fragte, ob ihre Sachen morgens auch so klamm seien, antwortete sie unbeeindruckt, sie nehme einige Teile mit ins Bett, damit sie am nächsten Morgen ausreichend warm sind. Das wiederum kam für mich nicht in Frage. Ich sah im Geiste einen großen Wäscheberg zwischen meinem Mann und mir und konnte mir durchaus Romantischeres vorstellen.

Tagtäglich lief ich trotz Ölheizung und Holzofens mit zwei Vliesjacken übereinander und zwei paar dicken Socken durch das Haus und kaufte eine riesige Heizdecke, die unsere Couch vorwärmte, bevor wir es uns gemütlich machen konnten. Anfangs erntete ich dafür spöttische Blicke meines Mannes, die Couch jedoch kühlte im Rückenbereich so schnell aus, dass er die Decke auch regelmäßig anknipste, wenn ich nicht da war. War ich fertig mit meiner täglichen Arbeit, hielt ich mich in diesem

Winter überwiegend an zwei Orten im Haus auf: Direkt neben unserem Kaminofen oder auf besagter Heizdecke. Mein Bewegungsradius in unserem großen Haus beschränkte sich dazwischen auf die nötigsten Wege. Frieren war mein Normalzustand. Wir mussten zudem besonders häufig lüften, da der Kaminofen im Erdgeschoss viel Feuchtigkeit aus den dicken, doppelt gemauerten Sandsteinwänden zog und mit der warmen Luft ins Obergeschoss transportierte. An besonders kalten Tagen und Nächten bildete sich reichlich Kondensflüssigkeit an Fenstern und Wandungen, die ich sehr regelmäßig mit mehreren Lappen entfernen musste.

In diesen Wochen und Monaten tat ich viel, um meine frauentypisch kalten Hände und Füße zu besänftigen: Kirschkern-Wärme-Puschen, heißer Tee und ein Wannenbad manchmal mitten am Tag, wenn es nach der Stallarbeit einfach nicht aufwärts ging mit meiner Körpertemperatur.

Hinzu kam eine gewisse soziale Isolation, als es im Winter so früh dunkel und die vielzitierten Bürgersteige hochgeklappt wurden. Ab spätestens 17:30 Uhr waren wir „ans Haus gefesselt", wenn wir nicht mit dem Auto woanders hinfuhren oder durch die wenigen beleuchteten Gassen unseres Dorfes spazierten. An manchen Tagen bekam ich außer meinem Mann tatsächlich niemanden zu Gesicht. Die Dorfbewohner schienen sich in ihren Häusern verkrochen zu haben, es gab kaum Veranstaltungen oder Treffen, und so wurde der Fernseher mit seinen allermeist langweiligen oder sinnfreien Programmen regelmäßig früher angestellt als es uns lieb war. Oft fehlten mir meine „alten" engeren Bekannten und Freunde. Die Verbindung zu ihnen zu halten gestaltete sich durch die Entfernung nicht immer einfach. Im Sommer kamen sie gern und regelmäßig von Nah und Fern in die „Landfrische" und blieben oft mehrere Tage, im Winter aber wurden die Abstände für persönliche Treffen empfindlich lang.

Dabei war es keinesfalls so, dass wir im Dorf isoliert waren. Von Anfang an waren wir sehr freundlich und offen empfangen worden. Noch bevor wir eingezogen waren, kam der Ortsbürgermeister auf einen Kaffee vorbei, um uns willkommen zu heißen. Unsere Nachbarn waren herzlich und hilfsbereit. Andere Dorfbewohner zeigten Interesse an unserem Hofaufbau, hielten regelmäßig auf ein Schwätzchen an und immer mal wieder kam sogar jemand vorbei, um uns etwas zu schenken.

Besonders schöne Erlebnisse waren es, wenn wir zum Beispiel ohne konkreten Anlass ein Stück selbstgebackenen Kuchen bekamen oder wenn jemand aus seinem Fundus alte Eisenbahnliteratur oder Gegenstände vorbeibrachte, die unsere kleinen Museen bereicherten. Und wir bekamen sogar Naturalien: In einem Sommer fragte ein Nachbar an, ob wir nicht seine Obstbäume aberntet wollten, ein anderer bot uns seine Quittenernte an, da er sie nicht verwerten konnte. Benachbarte Landwirte halfen uns bei der Heu-, Stroh- und Futterbeschaffung und brachten auch schon mal eine Mulde Mutterboden vorbei. So etwas kannten wir aus der Stadt nicht. Dankbar nahmen wir diese Dinge an und versuchten uns so gut es ging zu revanchieren.

Ein leistungsfähiges Internet oder einen Festnetzanschluss hatten wir auch nicht. Der Glasfaserausbau in unserer Region wurde zwar stark beworben und vorgestellt, Verträge wurden abgeschlossen, doch es passierte nichts. Weit mehr als eineinhalb Jahre rührte sich die beauftragte Firma nicht, obwohl der Großteil des Dorfes erschlossen werden sollte. Der Ortsbürgermeister, der Gemeinderat und alle vorgesehenen Haushalte wurden immer weiter vertröstet, bei uns wie in den Nachbargemeinden. Das bisher vorhandene Internet war wie in vielen Dörfern schlecht bis miserabel, egal, welcher Anbieter gewählt worden war. Mit der Aussicht auf einen High-Speed-Glasfaseranschluss machte es für uns keinen Sinn, sich irgendwo mit schlechten Konditionen zu binden, zumal die Glasfaserfirma in unserer Gegend nur mit einem Anbieter kooperierte, der in der Region bisher keine Dienste anbot. Unsere Mobilfunkübertragung funktionierte ebenfalls nicht oder extrem langsam. Über mehrere Jahre hielten wir uns gezwungenermaßen mehr schlecht als recht mit einem mobilen Hotspot auf Prepaid-Basis über Wasser, was aber kein Streamen, keine Videoanrufe und keine größeren Downloads zuließ.

Erst schleichend, später immer deutlicher änderte sich etwas bei uns: Fahrten ins Rhein-Main-Gebiet zu unserer Familie in eine warme Wohnung mit Flatrate und Kontakten zu Freunden und Bekannten wurden wahre Highlights. Flucht und soziales Aufatmen im langen, harten Winter auf dem Lande. Ich beschloss in dieser Zeit, ihn so nicht nochmal erleben zu wollen.

Der Frühling 2023 ließ lange auf sich warten. Der März war einer der nassesten seit Beginn der Wetteraufzeichnungen. Es schüttete wie aus Eimern und blieb kalt. Beinahe alle Obstblüten erfroren an den Bäumen und pflanzen konnten wir erst Ende Mai/Anfang Juni. Das Haus blieb auch dann noch lange kalt, als die Sonne draußen schon wohlige Wärme schaffte. Meine Hausarbeit erledigte ich noch im Juni mit Jeans, Sweatshirt und Wollsocken, während mein Mann im Garten bereits mit Shorts und T-Shirt unterwegs war.

Das ständige Frieren auch im voranschreitenden Frühling schlug mir auf das Gemüt. Nach und nach gingen Freude an der Arbeit und den Schönheiten der Natur um uns herum für mich verloren. Schlüpften Küken, war es mir egal, wieviele es waren, und erfroren neue Pflanzungen, zuckte ich nur mit den Schultern.

Immer wieder passierte es, dass mir unkontrolliert Tränen über die Wangen liefen, die ich mir selbst kaum erklären konnte. Ich erinnere mich noch gut an eine Situation, in der ich bei strahlendem Sonnenschein Erdbeeren in ein Körbchen sammelte und dabei beinahe ununterbrochen weinte.

Es gab in dem Augenblick keinen speziellen Grund, es war einfach Trauer darüber, dass es mir nicht gelungen war, den Hof in mein Zuhause umzuwandeln. Der körperliche Abschied davon, dass sich der Traum vom Leben auf dem Lande nicht so erfüllen sollte, wie wir es uns erhofft und auch begonnen hatten. Der körperliche Abschied von unserer Vision einer Nutztierarche mit Direktvermarktung und Museumshof mit glücklichen Tieren und glücklichen Besuchern.

Im Hoflädchen verkaufte ich immer weniger, was mich anfangs ärgerte, später aber auch nicht mehr als Resignation hervorrief. Die Inflation war in vollem Gange, und viele kauften ihre Eier lieber ein paar Cent günstiger im Supermarkt. Es war nachvollziehbar, jeder guckte auf die Preise, auch im Kleinen. Da wir anfangs immer wieder angesprochen worden waren, wie schön es wäre, wenn wir auch Eier abgeben würden, war unsere Hühnerzahl zeitweise auf über 50 Tiere angewachsen. Eine fröhliche, bunte Truppe, die uns zunächst viel Freude bereitet hatte. Dann aber kam der Ukraine-Krieg. Die Getreidepreise auf dem Weltmarkt stiegen auf Rekordniveau und damit auch die Kosten für Futtergetreide. Bald waren wir gezwungen, unsere Eierpreise zu erhöhen, um bei aller Freude nicht mit einem Minus zu wirtschaften. Wir erhöhten unsere Preise nur um fünf Cent pro Ei und mussten direkt feststellen, dass uns weniger Eier abgenommen wurden. Der Discounter war billiger, auch wenn es bei den Bio-Eiern nur wenige Cent waren und auch wenn das Tierwohl dort ganz sicher ein anderes war als bei uns.

Als sich die Eier in unserem Kühlschrank türmten und wir gleichzeitig in immer kürzeren Abständen immer mehr Getreide zu immer höheren Preisen herbeischaffen mussten, blieb uns nichts anderes übrig als zu reagieren: Wir halbierten unsere Schar und schafften die seltenen Rassen ab. Das tat uns in der Seele weh, denn schon viele Jahre hatten wir uns der Haltung und Zucht seltener und vom Aussterben bedrohter Nutztierrassen verschrieben. Wir waren seit vielen Jahren Mitglied in der GEH, der Gesellschaft zur Erhaltung seltener Nutztierrassen, und hatten uns viel Wissen über den wertvollen Genpool der alten Tierrassen angeeignet.

Rein aus wirtschaftlichen Gründen mussten unsere extrem vom Aussterben bedrohten schwarzen Sachsenhühner (Kategorie I auf der roten Liste) und unsere Mechelner Hühner (schwere Rasse mit hohem Futterbedarf) gehen. Übrig blieben bis zum Schluss die Hybridhennen, denn nur ihre hohe Eierproduktion und die hochgezüchtete Futterverwertung führten dazu, dass wir bei unserer Hühnerhaltung nicht „drauflegten". Idealismus hin oder her.

Seltene Schweinerassen in artgerechter Haltung konnten wir aus Kostengründen ebenfalls nicht mehr halten, auch wenn sie uns so viel Freude bereitet hatten.

Es war ein herber mentaler Rückschlag für unsere idealistischen Ziele von Biodiversität und artgerechter Tierhaltung.

Etwas später schloss ich traurig mein kleines SB-Lädchen mit Eierkühlschrank und Ernteüberschüssen dauerhaft. Es machte keinen Sinn mehr, es liebevoll zu bestücken und zu dekorieren, wenn so gut wie niemand kam.

Wir organisierten noch ein paar Veranstaltungen, zu denen wir in unsere Museen und zum „Tag der offenen Gartentür" einluden, aber auch dort mussten wir feststellen, dass das Interesse drastisch nachließ. Nach unserem Empfinden hat die Corona-Pandemie auch das Miteinander nachhaltig verändert. Der Umgang mit „Fremden" ist distanzierter geworden und das Leben findet mehr im privaten Umfeld statt. Auch das war 2019 noch nicht absehbar, als wir mit unserer Idee eines Museumshofs als Begegnungsstätte anfingen. Gesellschaftliche Aktivitäten waren einfacher und unkomplizierter.

All das führte dazu, dass wir uns Schritt für Schritt von unserem Lebenstraum verabschiedeten. Er war nicht geplatzt, sondern nahm eine Richtung, die wir nicht erwartet hatten. Das tat weh, war nicht einfach und ein langer Prozess voller Diskussionen, Tränen und Beziehungsarbeit. Auf der einen Seite waren wir froh, unseren Traum eine Zeitlang gelebt zu haben und nicht den Rest des Lebens mit einer verpassten Chance zu hadern, auf der anderen Seite hätten wir uns die Konsequenzen gern gespart.

Der Abschied schaffte Platz für Neues. Es gibt so viel zu erleben und zu entdecken auf der Welt, und bekanntlich öffnet sich ja meist eine Tür, wenn woanders eine zugeht. Nach und nach lösten wir uns. Wir unternahmen Wanderungen und Fahrradtouren in die Umgebung, redeten viel und genossen unsere Ausflüge in die Natur. Es hatte seinen Reiz, wieder unterwegs zu sein ohne Verantwortung, ohne eine mehr oder weniger lange Aufgabenliste im Kopf, und sich Zeit zu nehmen für spontane Freizeitgestaltung.

Im Spätsommer 2023 begannen wir, unsere Tiere abzugeben und unsere Anbauflächen nach der letzten Ernte zu verkleinern. Wir ließen uns Zeit damit, denn es war uns sehr wichtig, dass unsere Tiere in gute Hände kamen.

Eines unserer größten Probleme war es, für die Lamalpakas ein passendes neues Zuhause zu finden. Keinesfalls wollten wir sie einfach nur verkaufen, dafür waren sie uns zu sehr ans Herz gewachsen. Mit mulmigem Gefühl inserierten wir sie dennoch und hatten innerhalb weniger Stunden eine Anfrage einer sachkundigen Halterin, die zwei Wallache zur Vergrößerung einer bestehenden Herde suchte. Umgehend schickte sie Fotos und Videos, die uns direkt überzeugten. Schon zwei Tage später reiste sie hunderte Kilometer an, um unsere Beiden kennenzulernen. Wir verbrachten mehrere Stunden im Unterstand, und Harry und Socke zeigten sich von ihrer besten Seite. Ruhig standen und hockten wir zu fünft in der kühlen Scheune. Die Lamalpakas schnupperten neugierig, ließen sich bereitwillig anfassen und übertrugen ihre entspannte Zufriedenheit auf uns Menschen. Es passte einfach, und so wurden wir uns einig, dass Harry und Socke zukünftig in Franken leben würden. Ein professioneller Tiertransporter holte sie einige Tage später ab und brachte sie in ihr neues Zuhause. Von dort bekamen wir viele Bilder und Videos der Zusammenführung mit der Herde, die ausgelassene und kein Stück ängstliche Tiere zeigten. Es machte uns den Abschied ein wenig leichter.

Unsere Kaninchen Klara und Karlchen konnten zurück zu ihrer alten Besitzerin. Karlchen war inzwischen 12 Jahre alt, immer noch topfit und schaffte auch diesen Umzug mit Bravour.

Die Hühner verschenkten wir überwiegend an benachbarte Halter. Nur Tommy Rötröt blieb, er wird sicher eines Tages noch von unseren Kindern betreut werden müssen.

Im Oktober 2023 gönnten wir uns erstmals einen längeren Urlaub, den wir auch sehr genießen konnten.

Wenig später boten wir den Hof zum Verkauf an. Uns war bewusst, dass es bei der wirtschaftlich schwierigen Situation auf dem Kapital- und Immobilienmarkt nicht einfach sein würde, ein so spezielles Objekt zu verkaufen, aber nach und nach fanden wir unseren Frieden damit.

Wir werden den Hof in kleinem Maß und ohne Tiere weiter bewirtschafteten, bis jemand mit genauso idealistischen Zielen kommt wie wir sie damals hatten. Trotz der laufenden Inserate säten wir also ein und bereiteten unsere Anbauflächen auf den folgenden Winter vor als wäre nichts.

Nicht gerechnet hatten wir mit den emotionalen Reaktionen der Dorfbewohner auf unseren möglichen Wegzug. Von allen Seiten wurde uns mitgeteilt, wie schade es doch sei, dass wir das Projekt aufgeben würden, wieviel Liebe, Arbeit und Geld wir doch investiert hätten. Einigen kam sogar ein mehr oder weniger verstecktes Tränchen, jemand anderes reagierte durchaus ungehalten auf unsere Ankündigung.

„Das könnt ihr doch nicht machen", war der Tenor. Uns noch fremde Dörfler hielten vor dem Hoftor und sprachen uns an, der Dorfklatsch funktionierte auch hier schnell und zuverlässig. Wir waren sehr gerührt über die Anteilnahme, verbunden mit aufrichtigem Bedauern.

Unser nachhaltiges Leben werden wir weiterführen. In fast jeder Umgebung gibt es (Klein- und Kleinst-)Anbieter ökologisch produzierter Lebensmittel, die sicher genauso stolz darauf sind, wenn ihre Produkte gekauft und gewürdigt werden, wie wir es waren. Wir wissen die Arbeit und das Engagement zu schätzen. Was wir zukünftig nicht (mehr) selbst produzieren können, werden wir dort kaufen, wo wir lokal unterstützen können. Und wir werden uns weiterhin selbst versorgen mit dem, was uns die Natur in kleinerem Maße schenkt.

In unserer Reflektion sind wir nicht gestolpert oder gefallen, weder finanziell noch kräftemäßig. Es ist uns gelungen, mehr oder weniger zu zweit ein großes Anwesen ohne finanziellen Absturz umfangreich zu sanieren. Wir haben all die Tiere dort halten können, die wir uns gewünscht hatten und unsere Ideen eines Museumshofs mit Selbstversorgung und Nutztierarche umgesetzt. Was nicht gepasst hat waren die veränderten Rahmenbedingungen, die globalen Entwicklungen außerhalb unseres Mikrokosmos' mit ihren massiven, langanhaltenden Folgen.

Sie waren für uns genauso unvorstellbar wie für alle anderen, als wir im Sommer 2019 das erste Mal aufgeregt vor unserem Traumhof standen.